Regnbuens farve

Lederskab med medfølelse

Swami Amritaswarupananda Puri

Mata Amritanandamayi Center, San Ramon
Californien, Forenede Stater

Regnbuens farve
Lederskab med medfølelse

Swami Amritaswarupananda

Udgivet af:
Mata Amritanandamayi Center
P.O. Box 613
San Ramon, CA 94583
Forenede Stater

——————— *Color of the Rainbow - Danish* ————

Første udgave af Mata Amritanandamayi Center: april 2016

Dansk hjemmeside: www.amma-danmark.dk

India:
inform@amritapuri.org
www.amritapuri.org

Dedikation

Denne bog er dedikeret til
Mata Amritanandamayi Devi.
Hendes inspirerende liv, utrolige visdom
og usammenlignelige eksempel har
altid været lyset på min vej.
Denne bog er hendes gave til verden,
jeg er kun et redskab.

Amma
Sri Mata Amritanandamayi

Indholdsfortegnelse

Indledning

Swami Amritaswarupananda ser tilbage på de 34 år, han har tilbragt med Mata Amritanandamayi Devi (Amma), og beskriver mange dybt rørende historier, der vidner om hendes unikke evner til at træffe beslutninger, om hendes ideologi og om hendes pragmatiske tilgang til nogle af de strategier og metoder, som skaber bemærkelsesværdige resultater, hvor de end anvendes.

Det vil gavne enhver, der ønsker livslang udvikling, at lære mere om de mest effektive tilgange til ledelse og forstå, hvordan man bruger dem i praksis. Det gælder både for dem, der studerer teorier om ledelse på universitetet og for dem, der ønsker at få det daglige liv i hjemmet til fungere mere effektivt. Det gælder, uanset om man er ansat i en virksomhed og ønsker at forbedre sine evner til at lede andre, eller om man er leder af en stor virksomhed, der har ansvar for ansatte over hele verden. Dette dybdegående studie af Ammas antikke visdom giver et levende billede af en vision, som gavner samfundet, og af positive kvaliteter som frygtløshed, motivation, hårdt arbejde, tilpasningsevne, ydmyghed, medfølelse, disciplin, tilgivelse, taknemmelighed, tilfredshed, retfærdighed og tålmodighed.

Bogens kapitler gennemgår praktiske veje til at gøre brug af de resurser, der er tilgængelige, den rette indstilling til arbejdet, hvordan man kan bevare sin ansvarlighed og forpligtelse over for de projekter, man påtager sig, og frem for alt vigtigheden af at bevare en kærlig, medfølende og uanfægtet holdning til alt, hvad man foretager sig.

Værdier befinder sig i krydsfeltet mellem at lede og inspirere. *Regnbuens farve* fremhæver uforlignelige teknikker, som vil hjælpe ledere til at øge graden af autentisk loyalitet og engagement blandt de ansatte, samtidig med at lederne vil få en positiv indvirkning på samfundet.

Forord

Hendes Hellighed Mata Amritanandamayi Devi, eller Amma, som hun kærligt kaldes rundt omkring i verden, har en guddommelig vision, som ingen kunne beskrive bedre end Swami Amritaswarupananda (Swamiji). Da jeg har haft det privilegium at kende Amma og Swamiji på nært hold, og fordi jeg hen over årene er blevet inspireret og moralsk styrket af Ammas lære, glæder jeg mig over, at Swami Amritaswarupananda har besluttet sig for at skrive denne bog, som på en meget overbevisende måde sætter ord på essensen i Ammas lære. Jeg er sikker på, at bogens vigtige pointer om ledelse ikke kun vil blive værdsat af dem, som følger hende, men også vil resonere og vise sig at være relevante blandt et bredere publikum.

Ammas ekstraordinære sociale arbejde og humanitære indsats er legendarisk. Hendes mål om at sprede glæde og lykke og derved give Guds budskab videre har forandret livet for millioner af mennesker. Hendes liv har været en kilde til inspiration. Selvom hun selv befandt sig langt fra det formelle uddannelsessystem, har hun været succesfuld initiativtager til et bemærkelsesværdigt netværk af humanitære og godgørende aktiviteter, som strækker sig over uddannelse, sundhedsydelser, socialt arbejde og nødhjælpsarbejde. For at kunne lede alle disse aktiviteter, er der er behov for styringsredskaber af en usædvanlig kaliber. Swamiji kaster lys på, hvordan Ammas lære og uforlignelige og instinktive visdom inden for ledelse har fået hende til at berøre og transformere millioner af menneskers liv.

Jeg har længe ment, at ledelse er mere end at lede en gruppe mennesker, få en virksomhed til at maksimere sin profit, få en række fagpersoner til at opnå nogle på forhånd fastlagte mål eller opfylde personlige ambitioner. Lederegenskaber udspringer essentielt set af indre styrke og af at være forankret i sig selv, når man har med andre at gøre. Den viden, som denne bog giver, vil med sikkerhed guide dens læsere til at finde kilderne til denne indre styrke. Swamijis bog gennemgår både den praktiske og den spirituelle side af ledelse. Det er ved at kombinere begge disse elementer, at Ammas budskab er blevet spredt over hele verden. Denne bog vil sætte læserne i stand til at forbedre deres egne lederegenskaber og bruge dem på måder, som kan gøre en virkelig forskel i verden omkring dem.

Shashi Tharoor
Medlem af parlamentet, Minister for Human Resources
Tidligere vicegeneralsekretær i FN

Introduktion

Lad mig før jeg introducerer denne bog tilstå, at jeg ikke har nogen universitetsgrad inden for ledelse. Min profession er ikke at være leder, men jeg er derimod munk. For at være endnu mere præcis, er mit liv og arbejde guidet af en ganske særlig verdensleder. Hun er leder af en global organisation, anvender velovervejede ledelsesprincipper og underviser ved sit eget eksempel.

Hun har kun modtaget 4 års skolegang og taler kun *Malayalam,* sit modersmål. Hendes sprog er enkelt og uformelt. Alligevel kommunikerer hun med mennesker fra alle dele af samfundet, med et hvilket som helst niveau af uddannelse og baggrundserfaring, tilhørende enhver kaste og religion over hele verden. Hun har en forbløffende viden om verden, dens mennesker og det menneskelige sind. Selv de mest vanskelige emner formår hun at præsentere på en levende måde gennem enkle eksempler og historier.

Jeg har taget ved lære af hende gennem de sidste 34 år, og jeg betragter mig stadig som hendes elev. Hendes navn er Mata Amritanandamayi Devi. Spredt over hele verden findes mennesker, der følger og beundrer hende, og de kalder hende kærligt Amma. Hun er kendt for sin karakteristiske måde at tage imod mennesker på, hvor hun omfavner hver og én, som kommer for at møde hende. Hun har iværksat et vidtspændende netværk af godgørende aktiviteter som hospitaler, uddannelsesinstitutioner, samfundstransformerende forskning, nødhjælpsprogrammer, erhvervstræning, miljøbeskyttende arbejde, gratis boliger til hjemløse, børnehjem og meget mere.

Denne bog er et forsøg på at give et indblik i Ammas særlige måde at lede en af verdens største NGO'er (Forkortelsen står for: non-governmental organization.På dansk: ikke-statslig organisation). Hele æren går til Amma, fordi hun alene er den inspirator og guide, som står bag dette arbejde. For mig er bogen en længe ønsket drøm, der er gået i opfyldelse. Jeg mindes det stadig så tydeligt – det var lige efter fejringen af Ammas 50-års-fødselsdag, (*Amritavarsham50*) at jeg første gang fik ønsket om at skrive den. Da jeg fortalte Amma om mit ønske, sagde hun: "Gå i gang." Lige siden den gang har Amma fra tid til anden spurgt mig: "Er dine æg ikke udklækkede endnu?"

Jeg rugede på ideen i mange år. Faktisk har jeg mentalt forberedt mig på at skrive denne bog gennem de sidste fem år, mens jeg læste bøger og artikler og samlede information. Vigtigst af alt observerede jeg Amma ud fra et perspektiv på hende som CEO. Forkortelsen af de engelske ord Chief Executive Officer betegner sædvanligvis en administrerende direktør. Men leger man lidt med de engelske ord kan forkortelsen i stedet betyde Chief Enlightened Overseer - en oplyst ledende supervisor. I sidste instans har det været Ammas levende eksempel og hendes enestående lederevner, der har fremskyndet processen og givet vinger til mine tanker.

En række enestående egenskaber bliver afsløret, når man befinder sig i nærheden af Amma og konstant observerer hende: Måden Amma håndterer alle situationer og problemer med ro og medfølelse, hendes kolossale tålmodighed og evne til at lytte til hver og en, der kommer til hende, hendes ydmyghed og indre ligevægt, hendes uformelle måde at omgås mennesker og kommunikere med dem. Man bliver påvirket af den kærlighed og omsorg, hun udtrykker over for alle, og af hendes utrættelige energi.

Selvom de antikke Indiske skrifter indeholder dybtgående beskrivelser af administrative og ledelsesmæssige systemer, er Taylorismen eller "videnskabelig ledelse", som den udlægges af Frederick Taylor, den første moderne ledelsestrend, der er blevet dokumenteret. Inden for denne tilgang blev der lagt vægt på at studere og måle det arbejde, der blev udført, at evaluere de metoder, der var blevet anvendt, og at vurdere den efterfølgende produktivitet. Alt dette skete med meget lille omtanke for den enkelte ansatte. Den næste bevægelse startede i Amerika, da Peter Drucker blev ledelsesguru. Druckers synspunkter stod i modsætning til Taylors tilgange. Han mente, at selvom virksomheder har et ansvar for at sikre overskud og profit, har de også en forpligtelse til at passe godt på de ansatte. Han pegede på vigtigheden af at behandle medarbejderne som mennesker, der giver et vigtigt bidrag, og ikke som maskiner, og han troede fuldt og fast på, at det var nødvendigt. Druckers tilgang har siden påvirket den japanske ledelsesstil, som understreger Total Quality Management (TQM) eller Zero-Defect Management (ordret på dansk: total kvalitetsledelse eller Nul-fejl ledelse.)

Tilgangene til ledelse blev ved med at forandre sig gennem årene for at følge med det omgivende politiske, sociale og økonomiske miljø. I årevis var den mest udbredte ledelsesmodel POLC-modellen. (Forkortelsen står for: Planning, Organizing, Leading and Controlling. På dansk: Planlægning, Organisering, Ledelse og Kontrol). Men på grund af fremskridt inden for kommunikationsteknologien og et forøget antal meget store forandringer i erhvervslivet, har ROAR-modellen (Forkortelsen står for: Reacting, Organzing, Awakening, Re-visiting. På dansk: reaktion, organisering, opvågning og genoptagelse) hen over de sidste ti år erstattet POLC-modellen.

I dag er bæredygtig ledelse den mest moderne tilgang til at bruge forretningsstrategier, idet den er velegnet til at konfrontere de udfordringer, som hører til vores tid. Samtidig har mange organisationer alvorlige overvejelser om at introducere mere demokratiske beslutningsprocesser og give de ansatte større frihed til at træffe valg om, hvem der skal lede arbejdsgrupper, hvem de andre medlemmer i arbejdsgruppen skal være og hvordan arbejdsflowet skal organiseres. De ansatte bliver mere pålidelige, når de arbejder i en atmosfære, der er kendetegnet af venlighed og åbenhed. I disse organisationer, hvor man bevæger sig hinsides de traditionelle hierarkiske strukturer, oplever man, at den principbaserede ledelsesstil giver bedre resultater. En sådan struktur kunne blive normen i fremtiden.

Der bliver udbudt spirituelle kurser i yoga og meditation i håb om, at det vil skabe et afslappet miljø og fjerne anspændthed blandt de ansatte. Det påvirker kreativiteten positivt, og alle interessenter bliver inviteret til at deltage i brainstorming-møder om nye projekter.

I det scenarie, der kendetegner verden i dag, vil det være mest præcist at sige, at de fleste virksomheder har deres egen ledelsesstil, som for det meste er en blanding af ideer, som er blevet samlet i hierarkiet hen over mange år. Med det stigende antal fortolkende kommentarer til virksomheders ledelsesformer og styringsredskaber har hver virksomhed udviklet egne prioriteter, præferencer og tilbøjeligheder.

Ledelse spiller en vital rolle i alle områder af livet, ikke kun i forretningslivet og i organisationer. Hvor end mennesker i fællesskab stræber efter at opnå et fælles mål, vil vi finde ledelsesprincipper i en subtil eller mere tydelig form. Amma fortæller: "Uanset om det drejer sig om fem mennesker, der bor sammen i et hus, eller femhundrede mennesker, der arbejder sammen i en virksomhed, handler ledelse ultimativt set om at styre sindet. Men det mest afgørende punkt er, at hvis du ikke lærer at styre dig selv, dit sind, dine tanker og dine følelser, hvordan vil du da være i stand til at lede andre på en effektiv måde? Det er den første og vigtigste opgave – lær at styre dig selv."

Hos Amma kan vi meget tydeligt se et eksempel på de bedste moderne ledelsesprincipper såsom en vision, der virkelig gavner samfundet, og egenskaber som frygtløshed, motivation, hårdt arbejde, tilpasningsdygtighed, ydmyghed, medfølelse, disciplin, tilgivelse, taknemmelighed, tilfredshed, retfærdighed, tålmodighed osv. Når journalister fra hele verden kommer og ser Amma, der sidder og omfavner mennesker i timevis, spørger de hende om hemmeligheden bag hendes utrættelige energi. Amma svarer: "Jeg er ikke som et batteri, hvor energien dør ud efter et stykke tid. Jeg er hele tiden forbundet til kraftkilden."

Et dybtgående studie af denne flerdimensionelle leder vil afsløre praktiske måder til at gøre brug af de tilgængelige resurser. Det vil vise den rette indstilling til arbejdet og give en forståelse af, hvordan man kan forblive ansvarlig og forpligtet over for de projekter, man går i gang med. Frem for alt vil det understrege vigtigheden af at bevare en kærlig, medfølende og uanfægtet holdning til alt, hvad man gør.

Der findes en velkendt historie om den store vismand Veda Vyasa. Han var forfatter til de atten *Puranaer, Mahabarata, Brahmasutraerne* og desuden fortolkede han Vedaerne. Vyasa var en vis og oplyst sjæl, som havde forudset menneskehedens fremtid. Han indså, at i de kommende tidsaldre ville mennesket synke ned i en dyb sump af forfald inden for de spirituelle, moralske og etiske områder. Med sin godgørende og uselviske indsats, hvis formål var at tjene hele verden, ønskede han at hjælpe sine uheldige efterkommere. Ud af ren medfølelse afkodede han først budskaberne i Vedaerne og delte dem i fire dele. Herefter komponerede han Mahabharata. Alene dette fænomenale værk består af over 100.000 vers og over 200.000 enkelte verslinjer. Hvert vers er inddelt i sætningspar med afslutninger, der rimer. Bogen indeholder i alt næsten 1.8 millioner ord. Det er omtrent ti gange så langt som både Iliaden og Odysseen til sammen. At studere det gevaldige forskningsarbejde, han fuldendte, var som at stå med mindst hundrede ph.d. afhandlinger i hånden, og værkerne afspejlede en sand evne til at mestre et vidtspændende antal emner.

Vyasa troede oprigtigt på, at hans arbejde ville opløfte de kommende generationer. Alligevel kunne han stadig se, hvordan mennesket var omsluttet af mørke. Selv efter alle disse unikke kompositioner oplevede denne forbløffende skarpe vismand en stor sorg, som afspejlede den fremtidige elendighed, menneskeheden ville opleve. For at finde en løsning på den perpleksitet, han oplevede indeni, søgte han rådgivning hos en anden stor vismand *Narada*. Narada rådgav Vyasa og fortalte ham, at årsagen til utilfredsheden skyldtes, at der manglende ægte kærlighed i hans værker. Til trods for at han var en oplyst sjæl, og at der ikke fandtes hans lige inden for viden, havde han ikke ladet sit arbejde gennemtrænge tilstrækkeligt af den guddommelige kærligheds aspekter. Narada fortalte Vyasa, at de fremtidige generationer ville få mindre brug for viden end for oplevelsen af den sande kærlighed, som afslører enheden eller foreningen i Gudsprincippet. Inspireret af Naradas råd skrev Vyasa den store episke fortælling *Bhagavata Purana,* som beskriver Sri Krishnas liv, spilopperne i hans barndom og frem for alt den ubetingede kærlighed, som hyrdinderne nærede til Krishna.

Historien emmer af betydninger og dybe budskaber. For det første: Vores liv og alt, hvad vi opnår, er uden mening, hvis vi ikke føler en dyb og respektfuld kærlighed for hele skabelsen. For det andet: Vi kan have opnået en lang række store præstationer, men ingen af disse er højdepunktet. Eksistensens tinde er kærlighed. For det tredje: At vække den kærlighed, der er i dvale indeni, og at realisere vores iboende natur vil løfte os op til en tilstand af ren medfølelse. Når vores hjerte fyldes af kærlighed, strømmer kærligheden videre til andre som medfølelse i vores ord og handlinger. Hvis den ikke gavner alle, gavner den i det mindste det størst mulige antal mennesker omkring os. For det fjerde: Selvom Veda Vyasa selv var en kilde til guddommelige kvaliteter og uforlignelig visdom, var han ydmyg nok til at søge rådgivning og velsignelse hos en anden stor vismand, Narada.

Lad os nu kigge på disse ideer ud fra et forretningsmæssigt synspunkt. Når vi har en høj stilling og stor indflydelse, er det obligatorisk for os, at vi formår at udvise modenhed og indsigt gennem vores ord og handlinger. Hvis det ikke er naturligt for os at opføre os sådan, er vi nødt til at udvikle evnerne. Ellers er det ikke økonomisk hensigtsmæssigt. Det vil påvirke vores karriere. Derfor er det vigtigt at udvikle en respektfuld indstilling. Man kan ikke stå stille i livet. Hvis der ikke er en fremadstræbende bevægelse, vil man hurtigt blive skubbet langt tilbage. Det er som en gigantisk flok mennesker, der løber. Man har intet andet valg end at løbe. Ellers vil man blive trampet ned. Så man skal blive ved med at løbe med mængden, men på et vist tidspunkt er det vigtigt at tage afsæt og hæve sig op til større højder. Er det sjovt at gentage sig selv? Kærligheden får ikke mennesket til at synke ned, men lærer det tværtimod at hæve sig op til et højere plan. Man opnår større modenhed og indsigt. Man vil begynde at se alt fra et højere bevidsthedsplan. Et nyt lys af medfølelse og hensyntagen vil vokse frem. Det fører til en tilstand af ydmyghed, som vil aktivere et uafbrudt flow af ren energi indeni og i alle ens handlinger. Når et menneske bøjer sig for universet, vil det strømme ind i dette menneske.

Forestillingsevne, kreativitet og innovative evner er tre vitale faktorer i enhver succes, som kun indfinder sig, når man elsker livet, og når man udvikler en tilbedende indstilling til arbejdet.

Kærlighed er kun lig med lyst for mennesker, som er bundet til det fysiske plan alene. For dem, der er i stand til at gå dybere end overfladen, som befinder sig på det mentale niveau, er kærligheden lig med forestillingsevne og kreativitet. For dem er kærlighed en følelse. Store dansere, musikere, malere og digtere går ind i en trance, hvor de midlertidigt identificerer sig med det, som bliver skabt. Ralph Waldo Emerson beskrev det korrekt: "En maler fortalte mig, at ingen kunne tegne et træ uden på en eller anden måde at blive et træ, eller et barn ved blot at studere konturerne af den ydre form.... men ved at betragte hans bevægelser og lege, kan maleren leve sig ind i hans natur og derudfra tegne hver og en af hans kropsholdninger..." Denne type kærlighed er en dyb følelse, som varer i et stykke tid. Den er virkelig sjælden og dyrebar. Så findes der en tredje kategori af mennesker, som opnår indsigten: "Jeg er kærlighed." Kærlighed er for dem en erfaring, som er vedvarende. I en sådan kærlighed er fængslet forsvundet, som skabes af "Jeg" og "du" på hver sin side af kærligheden. Der findes kun kærlighed.

Det kolossale og ekstraordinære arbejde, som de antikke indiske seere, Aristoteles, Platon og Homers Iliaden og Odysséen har bidraget til, er eksempler på de ubeskrivelige højder og præstationer, som mennesket kan opnå inden for en livstid! Det var muligt, fordi de opdagede kilden til ren energi indeni, og denne kilde er også kendt som den udelte kærlighed. Det er denne kilde til ubetinget kærlighed, som er hemmeligheden bag Ammas utrættelige energi og den succes, hun har opnået.

Vijay Bhatkar, som er arkitekten bag Indiens nationale indsatser inden for supercomputer-området fortæller: "Det er Amma, som inspirerede mig til at iværksætte opbygningen af supercomputere. Amma understreger ikke kun vigtigheden af intelligenskvotienten (Eng: IQ), men også den emotionelle kvotient (Eng: EQ) og den Spirituelle Kvotient (Eng: SQ). På den måde skaber hun en balance mellem videnskabelig, spirituel og kulturel uddannelse. Amma har genoplivet det sprog, som findes i kærlighed og medfølelse. Dette sprog er universelt og evigt, og det er et sprog, som alle væsener i alle tidsaldre kan forstå.

I kraft af Ammas eksempel bliver kærligheden og medfølelsen forstørret og får supermenneskelige dimensioner, som aldrig nogensinde tidligere har været set. Omfavnelser er almindelige mellem forældre og børn, nære venner eller elskende. Men Ammas omfavnelse er universel og transcenderer de barrierer, som opstår på grund af nationalitet, race, sprog, religion, alder og stilling i livet. "

"For nogle år siden opdagede den berømte lingvist fra Massachusetts Institute of Technology (MIT), Professor Noam Chomsky, at der fandtes et område i hjernen, som bearbejder sprog og muliggør fortolkning og indlæring af sprog. Dette center er kun i stand til at opfatte metasprog, der kan sammenlignes med sproget bag alle sprog. Amma har på lignende vis fundet en fællesnævner for alle lingvistiske traditioner. Det er kærlighedens og medfølelsens sprog. Dette universelle sprog sætter Amma i stand til at kommunikere med alle, uanset hvor de kommer fra. Selvom hun kun taler malayalam, er Amma i stand til at kommunikere med alle sine børn, og vi er også i stand til at kommunikere med hende, nogle gange gennem stilhed. Det er endnu en af Ammas unikke bidrag til verden."

Ved indvielsen af Amrita-Instituttet for Medicin og Lægevidenskabelig forskning, et multispecialiseret hospital med den nyeste kapacitet, som Amma grundlagde i 1998, sagde den daværende indiske premierminister Sri Atal Bihari Vajpayee: "I dag har verden behov for et stærkt vidnesbyrd, som minder om, at menneskelige værdier er meget anvendelige i praksis, og at kvaliteter som medfølelse, uselviskhed, afkald og ydmyghed har kraften til at skabe et stort og blomstrende samfund. Ammas arbejde giver os dette stærkt tiltrængte bevis. "

Jeg husker en historie, som én af dem, der følger Amma, fortalte mig. Han var blevet bedt om at tilbringe et par dage med at videooptage, hvordan fattige mennesker levede i deres oprindelige hjem, inden de flyttede ind i de nye boliger, som Amma havde bygget til dem. Han fortalte: "Der var også en kvinde. Jeg kender ikke hele hendes historie. Men hun var en aldrende enke, hvis ørelapper var blevet forlænget af tunge ørenringe, som for længst var borte. Formentlig havde hun været nødt til at sælge dem for at klare dagen ogvejen sig. Før jeg satte mig ind i bilen, så jeg mig tilbage og min forundring voksede. I dette øjeblik sænkede natten sig og de gamle indiske traditioner kom til udtryk, idet den gamle kvinde rejste sig for at tænde en lampe i entréen. Hun var blind og tændte derfor lampen ud fra ren og skær fornemmelse – det var en blind kvinde, der tændte lyset for dem, som kunne se."

"Jeg er Kærlighed, jeg er en udstråling fra Gud, som har menneskelig form." Når man har opnået den viden, vil erkendelsen være en kilde til utrættelig energi. Al den professionelle succes, man opnår, bliver bare en fiasko, hvis man ikke er i stand til at være et godt eksempel for de kommende generationer. Ens navn vil indgå i optegnelser over historien, men de tanker og handlinger, som kendetegner en, opnår hverken beundring eller respekt. Derfor skal man som leder ikke kun være i besiddelse af ydre viden, helbred og rigdom, men man skal også stræbe efter indre viden, indre helbred og indre rigdom. At afbalancere disse tre faktorer er essentielt, hvis man ønsker at opnå en ægte vækst og succes, som vil blive husket for altid. Jeg håber oprigtigt, at mine anstrengelser for at fortælle om Ammas inspirerende liv og arbejde i denne bog vil gøre gavn og vække læserens trang til at tilegne sig nogle af de kvaliteter og tilgange til ledelse, som hun er et levende eksempel på.

Jeg vil udtrykke min dybe og oprigtige taknemmelighed til Sneha (Karen Moawad), fordi hun ved sin dedikerede indsats har hjulpet med at redigere bogen, til Swami Paramatmananda, som har lavet layout inden i bogen og til Aloke Pillai (Toronto), en ung og talentfuld kunster, som har gjort et smukt arbejde med at designe bogens cover.

Kapitel 1

Når ledelse bygger på evige værdier

Når mennesker i denne tid hører ordene styring og ledelse, vil de straks associere disse ord med at lede en virksomhed eller med politisk lederskab. Basalt set betyder ledelse at styre resurser, finanser, prioriteter og tid. I forretningslivet vil alt i sidste instans handle om profit og det overskud, der kan hentes hjem og øge saldoen på bankkontoen.

Selvom ledelse generelt kun tilskrives nogle udvalgte områder af livet, er det også en indgroet del af vores daglige liv. Ledelsesprincipper vil uvægerligt komme i spil, uanset om det drejer sig om en lille tebutik, der befinder sig i vejkanten, eller om et femstjernet hotel, og uanset om det er et lille hjem, hvis tag er tætnet med blade fra kokospalmerne, eller et hjem, der er stort som et palads. Vi lever i en tid med kernefamilier, venner, der deler lejlighed, og mennesker, der lever alene. Uanset hvad spiller ledelse og styring en vital rolle. Ligesom der findes ledere i en virksomhed, findes der ledere i hjemmet.

Teknologien har forandret den måde, man lever på, og den har skabt en alvorlig kløft mellem generationerne. Mange hjem er teknologisk blevet omdannet til kontorer. Især blandt de yngre generationer er teknologiske færdigheder og logiske analyser blevet anset for at være det vigtigste. Forældrene har magten til at træffe beslutningerne på kontoret, men i hjemmet er børnene beslutningstagere, fordi de i højere grad mestrer de moderne digitale systemer og er i stand til at samle mere information end deres forældre. De er ikke kun gode til at indhente viden, men de udmærker sig også i forhold til at opdatere systemerne og informationen. Når forældrene forsøger at følge med, opstår der konflikter.

Produkter overstrømmer vores markeder. Hver sjette måned eller hvert år kommer der en ny model, og på den måde kan vi opdatere mobiltelefoner, bærbare computere, iPads, tablets, biler, motorcykler og snart sagt hvad som helst. I virkeligheden er folk efterhånden blevet så stressede, fordi de nu "har brug for" så mange af de nyudviklede ting for at være glade. Deres ønsker er "ude af kontrol". Jeg er ikke pessimistisk. Alle fornemmer, at moderne mennesker i øjeblikket er ude af trit, hvad angår ønsker om at forbruge. Men mange mennesker er ikke indstillet på at forandre de gamle mønstre og dybt indgroede vaner. Alligevel kan man opnå mirakuløse forandringer ved at gennemføre enkle forandringer i sit liv og i sin måde at anskue tingene på. Man er blot nødt til at være villig til at gøre det.

Det er ligesom det antikke begreb "*maya*" (illusion). Definitionen af maya er, at alt, hvad der findes, hverken er virkeligt eller uvirkeligt. Maya eksisterer indeni og udenfor. Indeni eksisterer det som tanker og udenfor som objekter. Man bliver konstant ført omkring af de bølger, der skabes af disse to verdener, den indre og den ydre.

Tingene er i konstant forandring. Folk venter på at smide de gamle modeller ud og skynde sig at få fat på de nye. Folk bliver forvirrede pga. de mange valgmuligheder. De modsatrettede ønsker påvirker både familien og de arbejdsmæssige relationer. Man bør se dybere ind i definitionen af maya og menneskehedens nuværende tilstand. Her vil man lægge mærke til den adfærd, der kendetegner andre mennesker i omgivelserne. Er de fleste ikke fanget i en verden af illusioner, når de så let bliver ofre for en fascination af den teknologiske verden?

Alle vegne er folk blevet mere bevidste om sundhed. De går ture tidligt om morgenen og jogger. I byområderne er over 60 % af indbyggerne blevet medlemmer af et fitnesscenter. Alligevel ser man en hastigt stigende vækst i psykiske lidelser, forhøjet blodtryk, tidlig sukkersyge, hjertelidelser osv. Hvorfor? Det er enkelt og logisk – folk har mindre tid til at hvile. De bruger mere tid på at gruble, være ængstelige, ønske "ting" og føle trang til at få det, andre har. Beviset på et godt helbred er fraværet af forstyrrende tanker og følelser, som forstyrrer den indre balance.

Menneskeskabte regler og de evige mysterier i universet - de ubekendte lovmæssigheder – er begge lige vigtige i et menneskes liv. Men man glemmer at se afbalanceret på tingene, når man bliver fanget af vaner og adfærdsmønstre. At forstå disse to aspekter og omsætte denne viden i praksis inden for alt, hvad man gør, er en vigtig nøgle til ledelse. Det gælder, uanset om man er fattig, rig, uddannet eller ikke kan læse, om man er en administrerende direktør i en multinational virksomhed, ejer en lille forretning eller arbejder som landmand.

Livet er den største leg af alle de lege, der findes. Evnen til at holde de menneskeskabte regler og loven om *dharma* i perfekt balance er afgørende for den succes, glæde og fred, man vil kunne opleve i løbet af sit liv. Hvis man ser på livet med skelneevne, vil man indse, at det endelige mål ikke at vinde legen. Den sande sejr består i at vinde på en ædelmodig og værdig måde. Det er farligt at lade en af de to verdener få for stor realitet og vigtighed. Så vær centreret i midten. Hverken på denne eller den anden side. Fra midtpunktet i centrum vil man kunne betragte alt på en god måde, mens tilbøjeligheder kun giver et delvist indblik.

Det er her, at spirituel tænkning, selv-introspektion, meditation og en venlig indstilling, hvor man viser medfølelse, kan åbne for en hel ny verden omkring hvert menneske. Så lad mig anbefale en formular: 1) Giv dagligt plads til introspektion. 2)

Læg mærke til dine svagheder og begrænsninger. 3) Overvind dem. 4) Erstat negative tanker med positive. En forandring i ens indstilling sker kun, når man erkender sine svagheder og overskrider dem.

Regeringer og multinationale selskaber har haft held med at øge alle menneskers niveau af komfort og deres levestandard. Det virker som om, at verden kun har set fremskridt, som økonomisk succes. Men hvis det er tilfældet, hvorfor findes der så al den utilfredshed og lidelse? Hvorfor har bipolare lidelser spredt sig med så alarmerende hastighed? Hvorfor er antallet af selvmord steget på verdensplan? Hvorfor ser man en stigning i konflikter, vold, krig, had og egoisme? Det virker som om, at man har afprøvet enhver magt, der er tilgængelig i verden (økonomisk, militær, intellektuel, videnskabelig og teknologisk), og at man kun har fået sparsomme eller ingen positive resultater.

Samfundet har opnået videnskabelige og teknologiske fremskridt, men psykologisk set er det ved at gå i opløsning. Man er nødt til også at gøre psykologiske fremskridt i takt med, at man gør videnskabelige og teknologiske fremskridt. Ellers vil videnskab og teknologi kun tjene til at binde mennesket endnu mere. I sidste ende vil det kun føre til lidelse.

Forældre, lærere og mennesker, som kan påvirke børn og unges modtagelige sind, skal have den modenhed og forståelse, som gør det muligt at korrigere børnenes perspektiv, når de er kommet på afveje. Man skal være fuldt opmærksom på, at børnene en dag vil blive mennesker, der får et ansvar. De vil være mænd, koner, bedsteforældre, ledere, professionelle, politikere osv. Ligesom man støtter dem til at få en uddannelse, skal man lære dem, hvordan de skal håndtere deres ønsker, deres sind og deres handlinger og reaktioner. Fortæl dem, at de ikke skal lade deres ønsker udvikle sig til grådighed. Fortæl dem, at intens begær og dyb had virkelig kan true den oplevelse af fred og glæde, de har indeni. Undervis dem i værdien af ærlighed, sandfærdighed, medfølelse, kærlighed, omsorg og evnen til at dele med andre. Det mest afgørende er, at forældre indser, at disciplin ikke er tilstrækkelig. Børnene må opleve, at deres forældre er gode eksempler på, hvordan man omsætter de positive kvaliteter i praksis, selvom de ikke er perfekte.

Men mens man vokser op og lægger mærke til, hvordan dem, der er ældre end en selv, griber tingene an, indoptager man et andet budskab – at det giver succes at udnytte andre. Man får et fejlagtigt indtryk af, at man kan anvende et hvilket som helst middel til at opnå sine mål i livet ved at snyde, være uærlig og bedrage andre. For eksempel kan voksne lære børn, at de skal skjule sporene efter det forkerte, de har gjort, så andre ikke opdager det. Antagelsen er, at jo bedre de bliver til at snyde, des mere succes vil de opnå. Samfundet lærer os også, at det er et tegn på svaghed at være kærlig og vise medfølelse.

I dag oplever mange mennesker, særligt blandt de yngre, at spirituelle principper eller evige værdier ikke er væsentlige. Men hvis man betragter vores daglige liv mere indgående, finder man ud af, at værdierne praktiseres i hverdagens forskellige situationer og i samspillet med andre mennesker. Man kalder det bare ikke spiritualitet. Når man for eksempel lytter meget nøje til et andet menneskes problemer, praktiserer man spiritualitet. Når man oprigtigt føler sympati for nogen, praktiserer man spiritualitet. Når man viser medfølelse med en tigger eller et trængende menneske, er det ensbetydende med spiritualitet. Når man er optaget af, hvordan det går ens ansatte, er man helt sikkert spirituel. På samme måde er det virkelig spirituelt, når man mærker sit hjerte smelte ved synet at et forældreløst barn. Men kalder man det for spiritualitet? Nej, det gør man ikke. Man kalder det for normalt, ikke sandt? Ja, spiritualitet lærer os at være almindelige og at leve som normale mennesker.

Det er uheldigt, at studerende, der i denne tid afslutter deres uddannelse fra universiteter som Harvard, Princeton, Yale, MIT eller et af de indiske IITer eller IIMer, oplever, at livets mål er *kama*[1] (en dyr bil, et stort hus, hjemmebiograf, den nyeste smartphone osv.) For at opfylde disse ønsker har man brug for penge og succes. Folk bliver rige og får succes – og retfærdiggør midlerne – og de siger, at det alt sammen er *dharma*, retfærdighed. For eksempel findes der mennesker, der modtager bestikkelse, som siger, at det er dharma at modtage bestikkelse, fordi prisen er lav, og fordi alle andre også modtager bestikkelse.

Resultatet er, at virkelig frihed – frihed fra anspændthed, stress og alle slags negative og destruktive tanker – er ikke-eksisterende. Det skyldes, at årsag-virkning-relationen mellem begær, penge, retfærdighed og frihed er blevet vendt fuldstændig på hovedet i forhold til, hvad der burde være tilfældet.

I mange byer verden over siges det, at hvis man skal have et liv med status og komfort, har man brug for det, der på engelsk kaldes de fem C'er, (På dansk står de for penge (cash), bil (car), kreditkort (creditcard), ejerlejlighed (condominium) og klubmedlemsskab (clubmembership). Men man glemmer, at den sjette, krematorium (crematorium) også er et garanteret C. Uanset om man opnår de første 5 C'er eller ej, vil alle helt sikkert opnå den sjette type. Døden tager ikke hensyn til, hvilket land man kommer fra eller til ens nationalitet, magt og position. Der vil ikke komme nogen besked eller advarsel på forhånd. Døden vil bare tage alle med sig tillige med alt det, man kalder for sit eget.

Måske tænker man, at al den snak om død og begravelse ikke er relevant i denne sammenhæng. Men jeg er ikke enig. Uanset om man tror på teorien om genfødsel eller ej, er døden virkelig betydningsfuld, fordi den er så stor og afgørende en begivenhed i livet. Mens man er travlt optaget af at styre sit liv, sin forretning

---

1 Materiel velstand.

og alle mulige andre faktorer, der gør det muligt at vinde det, man ønsker, glemmer man ofte døden. Døden er egoets absolutte fiasko, og den kan indtræffe hvilket øjeblik, det skal være. Intet kan standse det. At huske døden er vigtigt, fordi det kan gøre, at man bliver ydmyg. Og ydmyghed er en essentiel egenskab for alle dem, som ønsker at vinde og opnå succes.

Vi lever i en e-verden: e-læring, e-læsning, e-regering, e-handel, e-forretning, e-bibliotek, e-tjenestecenter, e-bank osv. Listen er uden ende. Behold alle de e'er, som gavner samfundet. Men der er ét e, som helt og holdent skal undgås. Det er meget farligt: Ego. Det e skal VÆK. Hold det i det mindste under kontrol. Tillad ikke egoet at komme ind og forstyrre uden tilladelse. Hvis man oplever, at det er nødvendigt, kan man tillade egoet at komme indenfor, men når dets formål er opfyldt, skal man vise det hen til den dør, som fører ud.

Som normale mennesker, der arbejder i en stresset verden med skarp konkurrence, er det ikke let at opnå sine mål i livet. Stands op og reflekter dybt over, hvad dine mål i livet egentlig er. Har du prioriteret dem? Hvad har du virkelig brug for i livet? Ud over navn, magt, position og fordele er glæde og kærlighed så ikke også uundværlige ingredienser i et godt liv?

Succes, som siges at være et vigtigt mål i alle menneskers liv, kan i virkeligheden koges ned til glæde. Mange mennesker jager efter penge for at købe sig til glæde. Men du kan regelmæssigt spørge dig selv:

Er min glæde stigende eller faldende?

Mærker jeg kærligheden indeni, og er jeg i stand til at udtrykke den oprigtigt udadtil?

Hvis svarene på disse spørgsmål er positive, er dit liv på vej mod succes. Hvis svarene er negative, er du kun ved at tjene penge. En sand leder vil ikke anse økonomisk vinding som en ægte succes, hvis indtjeningen ikke er forbundet med kærlighed og glæde, som er to sider af livet, der ikke kan adskilles. Ultimativt set skal en god leder sprede glæde i andre menneskers liv. En leder, som ikke er glad og ikke har nogen kærlighed at dele med andre, vil kun få andre mennesker til at lide.

"Glæde er ikke noget, der bare indfinder sig af sig selv. Glæde er ikke resultatet af held eller tilfældighed. Det er ikke noget penge kan købe eller magt kan befale. Glæde afhænger ikke af ydre begivenheder men af, hvordan man fortolker dem. Glæde er faktisk en livsbetingelse, som hvert eneste menneske bør forberede sig på og anstrenge sig for at opdyrke og forsvare," forklarer den ungarske psykolog Mihaly Csikszentmihalyi, hvis studier af glæde og kreativitet er meget anerkendte. Han er især kendt som ophavsmanden til begrebet "flow" – det er en tilstand af forøget fokus og fordybelse inden for aktiviteter som kunst, leg og arbejde.

At udvide sin forretning, åbne grene af den overalt i verden og få profit kan måske være ønskværdigt. Men samtidig skal man også indstille sit sind på at dykke ned i universets uforanderlige love. Det er essentielt for at skabe en positiv forandring i menneskets indstilling. Denne forandring vil få niveauet af glæde og fred til at stige i hver enkelt af os og også i de fremtidige generationer.

Al materiel fremgang og enhver profit, man opnår, er ultimativt set meningsløs, hvis verden bliver et sted, hvor to mennesker ikke kan leve sammen i en glad og kærlig atmosfære. Læg for eksempel mærke til en familie, hvor to mennesker, der lever under samme tag, alligevel er uvenner og ønsker at få ram på hinanden. Hvordan kan menneskeheden leve et så overfladisk liv? Man ser i denne tid dygtige ledelsesguruer, videnskabelige genier, store tænkere, forfattere og politiske magikere, men hvad vil det føre til, hvis man ikke har evnerne og viljen til at styre sig selv, sit sind og sine følelser? Hvad nytter det, hvis man ikke er i stand til at skabe balance mellem hoved og hjerte eller mellem begæret efter at opnå rigdom og ønsket om glæde?

Det er tydeligt, at verden har brug for gode rollemodeller, som kan opmuntre til et skift i værdier. Man kan ikke stille meget op med de tidligere generationer. Den nuværende generation er intelligent og dygtig, men dens adfærdsmønstre er allerede fasttømrede. En ægte inspirationskilde formår at udøve sin indflydelse på den nuværende generation, hvor beslutninger allerede er truffet, og visioner allerede dannet. Men i de generationer, der er ved at vokse op, findes et kolossalt potentiale. En ægte inspirationskilde kan have en positiv indflydelse på den nuværende generation og samtidig virkelig skabe en transformation i den kommende generation.

Mata Amritanandamayi Devi, eller Amma, som hun kærligt kaldes rundt omkring i verden, er en leder og humanitær person, der viser en usædvanlig medfølelse med andre. Denne bog beskriver hendes tilgang til ledelse, der er baseret på en visdom, der er overleveret gennem tidsaldre. Den beskriver, hvordan Amma ser livet fra en anderledes dimension, og hvordan hun tager lederskab i forskellige situationer, forvalter resurser, træffer beslutninger og inspirerer mennesker.

Siden 1993 er Amma i stigende grad blevet internationalt anerkendt og højt skattet som en kilde til spirituel visdom, der er forankret i praksis. Hun ses som en leder, der også besidder evnerne til at guide verden frem mod en bedre og lysere fremtid. Vi har et stort behov for mestre, som kan undervise os gennem deres eksempel, mennesker som er naturlige ledere, videnskabsfolk, kunstnere og politikere med betydningsfulde dyder. Det lys, de spreder omkring sig, er virkelig, hvad der er brug for i denne tid.

Selvom Ammas egen uddannelse kun går op til 4. klasse, er hun grundlægger, guide og den eneste inspirationskilde og katalysator, der står bag et verdensomspændende netværk af humanitære aktiviteter, som indbefatter sundhedsydelser og uddannelsesinstitutioner.

Amma har en særlig måde at møde mennesker på og byde dem velkommen. Det kaldes *darshan,* når hun omfavner hvert enkelt menneske og hjælper ham eller hende til at opleve den transformerende kraft i kærligheden og samtidig vækker glæden ved at give. Hun hjælper dem til at åbne sig for de gaver, der ligger i omsorg og medfølelse. Ammas darshan opstod som en kærlig moders omfavnelse og begyndte, da hun kun var teenager og trøstede og holdt om ensomme og lidende mennesker i sin landsby. Amma gør sig selv tilgængelig for alle, som ønsker at modtage hendes varme omfavnelse. Hun vender ikke ryggen til nogen. Time efter time, dag efter dag, år efter år – på nuværende tidspunkt har hun igennem mere end fyrre år omfavnet alle, der kommer for at møde hende. Mand som kvinde, syg som rask, rig som fattig, ung som gammel. Alle anser hende for at være deres helt egen Moder, og det gælder uanset hvilken kaste eller religion, de tilhører. Amma rejser rundt over hele Indien og desuden til en række andre lande, der er spredt over seks kontinenter. Overalt, hvor hun rejser hen, giver hun darshan til alle, som kommer for at møde hende.

I Indien er Amma kendt for at have omfavnet over titusind mennesker i løbet af en enkelt dag. Hun har nogle gange siddet og givet darshan 25 timer i træk. Igennem de sidste fyrre år har hun omfavnet mere end 33 millioner mennesker! Hvert menneskes darshan er en ny erfaring, fordi Amma selv er frisk og hele tiden spontan. Amma lytter til alle, omfavner dem og hvisker et ord eller to i deres ører. Hun ved præcis, hvad den enkelte har brug for i det nuværende øjeblik. Med en pause her og et øjekast der skaber hun transformerende øjeblikke. Det kan tusindvis af mennesker give vidnesbyrd om.

Amma siger: "Min religion er kærlighed." Når journalister spørger hende: "Hvorfor omfavner du?" svarer hun tålmodigt: "Spørgsmålet er som at spørge floden: "Hvorfor strømmer du?" Det kan ganske enkelt ikke være anderledes." På spørgsmålet: "Du sidder og omfavner mennesker i timevis uden ophør? Hvem omfavner dig?" svarer hun: "Hele skabelsen omfavner mig. Vi er i en evig omfavnelse." Når journalisterne ser det store antal mennesker, som kommer for at modtage hendes omfavnelser, der har fået ikon-status, spørger de nogle gange: "Tilbeder disse mennesker dig?" Hendes svar er: "Nej, jeg tilbeder dem."

Amma siger: "Sand kærlighed gennemtrænger alle barrierer. Den transformerer, og den er universel." At omsætte disse enkle principper i praksis er grundlaget for Ammas liv. Men virkningen er dyb. Idet hun over hele verden helbreder og transformerer millioner af mennesker og berører deres hjerter, er Ammas liv et vidnesbyrd om, at "Kærlighed besejrer alt." Hendes liv er den ultimative succeshistorie – den er et levende bevis på, at det er muligt at transcendere alle barrierer og forhindringer, uanset om det drejer sig om køn, religion, sprog, kaste, økonomi eller uddannelse. Formålet er at skabe balance og harmoni i menneskeheden.

Amma siger: "Værdier som kærlighed, medfølelse, omsorg, ærlighed, sandfærdighed, ydmyghed og tilgivelse er nu blevet et sprog, der næsten er glemt. Vi kan være taknemmelige over, at værdierne kun er blevet "glemt," og at de ikke er gået tabt. Som et spejl, der er dækket af støv, forbliver værdierne dybt indeni os, men de er skjulte. Vi skal bare fjerne støvet indeni, og så vil vi genopdage medfølelsens spejl, som er vores sande natur. I virkeligheden lærer vi meget om disse værdier fra vores forældre under barndommen. I næsten hvert eneste hjem kan man høre forældrene sige til deres børn: "Min søn, lad være med nogensinde at lyve. Fortæl altid sandheden. Vær retfærdig over for din bror eller søster. Tag ikke den iPad; den er din brors/din søsters. Vær ærlig…"

Ideerne, perspektiverne, de særlige lederegenskaber, som skildres efterhånden som man vender siderne i denne bog, vil måske ikke appellere til en organisation, som udelukkende har fokus på profit. Ammas måde at gøre ting på, kan man måske ikke gøre helt efter, men hun er en storslået rollemodel og en fremragende inspirationskilde. Hvis du som læser er villig til at studere eksemplerne og tilegne dig den ledelsesstil, som bliver beskrevet, kan tilgangen, som beskrives i denne bog, være en kolossal kilde til inspiration, som giver kraft til at styre både den indre og den ydre verden.

Kapitel 2

Spejlmodellen

New York Times bragte følgende artikel den 25. maj 2013: "Amma har lagt sin energi i at skabe en hel organisation, der ofte udfylder et vakuum, som regeringen har efterladt. Da tsunamien ødelagde store dele af det sydlige Indien i 2004, var delstatsregeringen i Kerala fem dage om blot at offentliggøre, hvilken type nødhjælp og assistance, den ville tilvejebringe. Amma påbegyndte derimod indsatsen efter få timer, hvor der blev givet mad og husly til tusindvis af mennesker. I de følgende år byggede hendes organisation mere end 6000 huse. Hun har opbygget en omfangsrig organisation, som er misundt både i Indiens offentlige og private sektor. De siger, at hun har skabt et sted, hvor alt fra lyskontakter til genbrugsstationer virker, som det er meningen, at det skal virke – og at i Indien er dette formentlig det største mirakel af alle. "

The Khaleej Times, en af de førende aviser i Dubai, Forenede Arabiske Emirater, bragte en artikel med følgende overskrift den 9. december 2011:

"Kvinde med kun 4 års skolegang vender hjerneflugten"

"Premierminister Dr. Manmohan Sings appel til indiske videnskabsfolk, som arbejder i udlandet, om at vende tilbage til Indien for at hjælpe landet til at klare sig i ligaen blandt udviklede lande fik ikke mange til at vende tilbage til trods for, at der blev tilbudt en række incitamenter. Men en kvinde, som selv kun har 4 års skolegang, får nogle af landets intellektuelle resursepersoner til at vende tilbage. Den stærkt tiltrængte omvendelse af hjerneflugten katalyseres af Mata Amritanandamayi, som er trådt frem som en af Indiens førende spirituelle ledere ved at bryde igennem barrierer, der er relateret til kaste, social, økonomisk og uddannelsesmæssig status såvel som andre barrierer. Amritanandamayi, som populært kaldes Amma, har tiltrukket førende videnskabsfolk fra hele verden uden at tilbyde dem store pengebeløb, men ved i stedet at appellere til en højere form for tjeneste."

Hvordan gør hun det? Hvad er hendes vigtigste redskaber? De teknikker, hun anvender, er ikke nye. De er traditionelle og tidsløse redskaber som kærlighed, medfølelse, at lytte og at være tålmodig. Amma er dygtig til at praktisere og skabe, når belønninger som fred, glæde og tilfredshed går hånd i hånd med materiel fremgang. Jeg refererer til denne metode som Spejlmodellen:

1. Meditation: At finde et stille sted indeni og omsætte stilheden i handling ved oprigtigt at lytte til problemer og spørgsmål fra medlemmer i arbejdsgruppen. Man skal rådgive og udstikke kurs uden at miste sin klarhed, tålmodighed og ligevægt. Det betyder ikke, at man skal sidde i *samadhi* [2] 24 timer om dagen, men det er en indre evne til at give slip, trække sig tilbage og forblive hævet over mængden af mennesker og tanker for at reflektere dybere over vanskeligheder, indtil skallen, som dækker løsningen, brydes op. For at illustrere det med et eksempel, kan jeg sammenligne det med en hønemor, der ruger på sine æg, indtil de klækker, og de små kyllinger fødes.

Amma siger: "Med alt det, der foregår i verden i dag, er vi nødt til at gøre meditation til en del af vores daglige liv. Det er den eneste måde, vi kan forblive sunde. De professionelle har stadig brug for at lære om de fantastiske fordele, meditationen kan give dem. En hel verden af uopdagede skatte forbliver uåbnede indeni, men desværre ønsker ingen at åbne døren til denne verden, selvom nøglen findes indeni. Vi går glip af åndrigheden i

[2] Den højeste meditationstilstand, hvor man er ét med altet.

den kolossale skat, fordi vores tanker og negative følelser bygger kæmpe barrierer mellem os og den indre formue. Det er som at stå foran en himmelsk blomst uden at se den."

Når vi mestrer meditation, er sindet uden tøven som flammen i en lampe, der står et sted uden vind.

Bhagavad Gita, kapitel 6 -19

2. Intuition: Når man først erfarer stilheden indeni gennem meditation, er det ikke sindet og dets konfliktfyldte tanker, som guider en; man udvikler en anden evne, det intuitive sind, som sætter en i stand til at træffe de rette beslutninger på det rette tidspunkt og med den rette forståelse.

Til trods for alle fremskridt inden for videnskab og teknologi og alt det sofistikerede udstyr, man har til rådighed, findes der tidspunkter, hvor hverken sindet eller intellektet kan give de svar, man søger. Der indfinder sig hyppigt øjeblikke, hvor selv de mest kloge hjerner bliver ubevægelige og sidder fast uden at være i stand til at bevæge sig fremad.

Amma siger: "At være intuitiv betyder at være spontan. Det første skridt i retning af at være spontan er anstrengelse og hårdt arbejde. Det andet skridt er at give slip, glemme alt hvad du har gjort og være i nuet i en fredfyldt tilstand. Fra denne fredfyldte tilstand opstår det tredje skridt, og det intuitive sind begynder at fungere.

Steve Jobs, som er en af vor tids inspirationskilder, sagde: "Din tid er begrænset, så spild den ikke med at leve en andens liv. Vær ikke fanget af dogmer, som er det samme som at leve med resultaterne af andre menneskers tanker. Lad ikke støjen fra andres holdninger overdøve din egen indre stemme. Vigtigst af alt, hav modet til at følge dit hjerte og din intuition."

3. At respondere i stedet for at reagere: Respons og reaktion er to forskellige måder at se på situationer og mennesker.

En respons udspringer af en naturlig og afslappet sindstilstand. Det er som at tillade noget at åbne op. Et responderende menneske har større forståelse. Et sådant menneske kan tage stilling til situationer uden en dømmende holdning, og det skaber nye tankebaner. Ved at respondere ser man, hvad andre ikke ser. Den fordomsfrie indstilling gør ens beslutninger mere præcise, og denne holdning har en positiv indvirkning på ens produktivitet. At respondere er i virkeligheden evnen til at give et svar.

Omvendt er et reagerende menneske kendetegnet ved at være relativt uafbalanceret. Hvem som helst og hvad som helst kan gøre ham eller hende oprevet og ophidset. Det vigtigste er, at fordi et reagerende menneskes sind ofte mister den indre ro, vil de beslutninger, som han eller hun træffer, være mindre præcise.

Ved at reagere inviterer man sin konkurrent til at vinde, fordi reaktionen gør en sårbar. På den anden side vil et mentalt stærkt menneske, som har en bedre kontrol over egne følelser, være kendetegnet ved responderende træk.

Hvis det er påkrævet i situationen, vil en respons gøre det muligt at lade vrede komme bevidst op til overfladen, men følelsen vil ikke besejre en. Reaktioner tillader derimod vreden at overvinde en, og resultatet er, at ens handlinger vil savne den rette opmærksomhed.

For det meste ser man mennesker, situationer og ting i lyset af de erfaringer, man har gjort i fortiden. Man kan ikke lade være med at være dømmende. Det sker ubevidst og ofte helt af sig selv. I virkeligheden har man ikke forstået, at når man tillader, at fortiden får en til at dømme noget, reagerer man faktisk i stedet for at respondere. En reaktion udgår fra fortiden, og en respons udgår fra nutiden.

Hvordan ser man på sine forældre, familiemedlemmer, leder eller kolleger? Synet på dem er rodfæstet i tidligere erfaringer, ikke sandt? Man har samlet alt for mange indtryk af dem sammen fra fortiden. De gamle mønstre er som et røgslør, der afholder en fra at se dem på ny hvert eneste øjeblik. Men hvis man virkelig tænker over det, vil det så ikke være mere korrekt at sige, at man hvert øjeblik fødes på ny? Nogle ting dør indeni en, og andre ting fødes. Men når man ser på andre mennesker, og sindet er bundet til fortiden, får man ikke øje på det nye i livet. Mister man ikke noget dyrebart ved at undlade at tage denne side af mennesker og ting i betragtning? Hvis man skal opsummere hele konceptet, går det ud på, at størstedelen af alle mennesker tror, at de responderer, men i virkeligheden reagerer de, fordi de altid kigger på situationer og mennesker ud fra et lager af fortidens minder. Således er det sjældent, at man responderer, mens det er meget hyppigt, at man reagerer.

Thomas Paine var forfatter, revolutionær, radikal, opfinder og intellektuel, og en af USA's grundlæggere. Da han blev spurgt om, hvordan man styrer vrede, svarede han: "Det største remedium er udskydelse."

Amma foreslår: "Når nogen kritiserer dig, kan du i det mindste svare det andet menneske: "Lad mig sove på det, og så vil jeg vende tilbage. Hvis det, du sagde, er sandt, vil jeg acceptere det. Ellers vil jeg aflevere kritikken tilbage." Man vil højst sandsynligt indse, at den anden person havde ret, og at man tog fejl, fordi man reagerede, mens han var i en rolig tilstand, hvor han kunne træde til side og være et vidne.

Der findes en vis hyppighed, intensitet og genoprettelsestid i forhold til de følelsesmæssige forstyrrelser, som bliver udløst. Når bevidsthedsniveauet stiger, vil det minimere de emotionelle forstyrrelser. Når man bliver ved med at arbejde med at hæve bevidsthedsniveauet, vil tidsrummet, det tager at komme tilbage i en normal tilstand, også blive mindre. Denne opmærksomhed vil med tiden hjælpe en til at forblive rolig, glad og selvsikker på alle tidspunkter. Når den indre evne til at vende tilbage til en rolig tilstand bliver dybere, skærpes tankeprocesserne, og ens beslutninger vil være mere præcise.

4. Enhed: En oplevelse af enhed mellem arbejdsgiver og ansat. De vigtigste faktorer, der fører til denne enhed, er forbindelsen, der skabes gennem kærlighed og kraften til at lytte. "At elske og at lytte" går hånd i hånd. Et hjerte fyldt af kærlighed lytter. At lytte giver større styrke og tryghed til medlemmerne i en arbejdsgruppe. De åbner sig, får tillid og udfører i højere grad deres pligter som en dedikeret tjeneste frem for bare et arbejde, de gør for at tjene penge og opnå forfremmelse. Ud fra denne tilgang findes der ikke nogen mangel på samarbejde, og hver person synkroniserer sine aktiviteter med andre. Hele arbejdsgruppen samarbejder ud fra en gensidig forståelse af, hvordan man skal opnå målsætningerne.

Amma siger: "Gud er ikke et individ, som sidder hævet over skyerne på en trone og dømmer. Gud er den altgennemtrængende rene bevidsthed, som er vores sande natur. I vores essens er vi alle én. Ligesom det er samme elektricitet, der manifesterer sig i lyspæren, ventilatoren, køleskabet, fjernsynet og andet elektronisk udstyr, er det samme livsprincip, som forbinder alle. Når den venstre hånd føler smerte, vil den højre automatisk kærtegne og berolige den, fordi begge hænder er del af kroppens helhed. På samme måder er vi ikke enheder, der lever i en isoleret verden og totalt uden forbindelse til hinanden; vi er alle del af den universelle kæde."

Som Fritjof Capra, den velkendte fysiker, understregede i sin bog "Vendepunktet, " afslører kvanteteorien den basale enhed i universet. Den viser, at vi ikke kan opløse verden til de mindste enheder, der eksisterer uafhængigt af hinanden."

5. Ærbødighed: Det drejer sig ikke om en respekt, der fødes af frygt, men om en ærbødighed, der er affødt af kærlighed. De ansatte nærer både respekt for og kærlighed til deres arbejdsgiver.

Denne ærbødighed skaber et tilnærmelsesvist gnidningsløst arbejdsmiljø for både arbejdsgiver og ansatte.

Amma siger: "Undervisning i kultur, traditioner og værdier må finde en plads i undervisningsplanen for at bevare den diversitet, som mistes gennem globalisering. Sammen med fag som matematik og sprog skal der undervises i værdier som kærlighed, medfølelse og ærbødighed for naturen, og de skal være blandt kerneemnerne i undervisningen. Når man møder andre med respekt, forståelse og accept, vil man være i stand til at kommunikere på hjertets niveau."

Fordi alt er gennemtrængt af en udelt, iboende Gudsbevidsthed, vil en ærbødig indstilling løfte mennesket til et højere plan af ren energi.

I Spejlmodellen har arbejdsgruppen en stræbsom og inspirerende rollemodel til at lede sig. Ved at være et eksempel på kærlighed, tålmodighed, medfølelse, accept, udholdenhed, fuldkommen kontrol over følelser og en venskabelig holdning, bliver følelsen af "forskellighed" erstattet med følelsen af "enhed." Følelsen af "jeg er" bliver erstattet med følelsen af "jeg skylder" noget til verden og mine medmennesker. Følelsen "Jeg er din leder, du skal adlyde mig" er erstattet med "Vi er her alle sammen for at tjene, så vær ydmyg."

Ammas ekstraordinære evne til at lytte til alle slags problemer og hendes utrolige evne til at omgås mennesker i alle slags livssituationer og fra hele verden er legendarisk. Titusindvis af mennesker kommer for at se hende, hvor hun end rejser hen. Uanset hvor stor menneskemængden er, sidder Amma i timevis og modtager hver enkelt med en varm omfavnelse uanset deres køn, alder, status og fysiske tilstand. Hun lytter tålmodigt til alle, som udøser det, de har på hjerte, til hende. Og hver af disse sessioner varer, indtil hun har mødt det sidste menneske i køen.

På grund af sin mors dårlige helbred, var Amma nødt til at standse sin skolegang efter fjerde klasse. I denne unge alder påtog hun sig ansvaret for hele husholdningen, som overgik til hende. Amma taler kun sit modersmål malayalam. Alligevel kommunikerer hun let med mennesker fra alle nationaliteter, sprog og kulturer, og der er absolut ingen mærkelige følelser eller oplevelser af forskellighed.

Hver enkelt menneske har egne overbevisninger om livet og de mål, det ønsker at opnå. En tyv er overbevist om, at han eller hun vil "stjæle". Et pengeorienteret menneske er overbevist om, at han eller hun vil "blive rig på den ene eller den anden måde." På samme måde tænker en gambler, at "livet er at spille". Amma beskrev sin egen overbevisning ved sin tale ved UNAOC (United Nations Alliance of Civilisations) på konferencen i Shanghai den 29. december 2012: "Det er min erfaring, at Kærlighed er det eneste sprog, som menneskeheden og alle andre levende væsener forstår. Igennem de sidste 40 år har jeg kommunikeret med mennesker med alle slags sprog, racer, hudfarver, kaster og religioner, fra de allerfattigste til de allerrigeste ved at bruge Kærlighedens sprog. Der findes ingen barrierer for Kærligheden. Jeg har fuld tro på, at Kærlighedens kraft transformerer og forener alle hjerter."

Kapitel 3

At fejre sit arbejde

Under en tale i New York, som Amma holdt ved 50-årsdagen for de Forenede Nationer, sagde Amma: "Verden er som en blomst. Hver nation er et blad på blomsten. Hvis ét blad bliver skadet, vil det så ikke påvirke alle de andre blade? Vil sygdommen ikke ramme hele blomstens skønhed og liv? Har vi ikke hver især en pligt til at beskytte og bevare skønheden og duften i verdens blomst og undgå at den bliver ødelagt? "

I dagens verden er succes det enkelte menneskes yndlingsmantra. Det, som mennesker har søgt i livet, har altid været det samme. Det er kun ord og fortolkninger, der har forandret sig.

Forskellige kulturer definerer succes forskelligt. For de fleste mennesker er det penge, magt og glæde, som svarer til en hedonistisk filosofi. Siduri, som er en af personerne i *Gilgamesh* (en episk fortælling fra Mesopotanien), giver følgende råd: "Fyld din mave. Vær lystig om dagen og om natten. Lad dagene være fulde af glæde. Lad dans og musik fylde dage og nætter. Kun disse ting angår mennesket." Siden blev der skabt andre versioner af hedonismen såsom etisk hedonisme, kristen hedonisme, utilitarisme, epikurianisme og så videre.

I Indien fandtes der Charvaka, som var en heterodox hindi, der var fortaler for en materialistisk filosofi. Hans holdning var: "Når først kroppen bliver til aske, er der ingen tilbagevenden. Derfor skal man spise, drikke, nyde livet og være glad." Selvom navnene er forskellige, er alle disse tilgange fundamentalt set baseret på materialisme og et liv med stræben efter glæder. Forskellen består alene i graden. Bortset fra et marginalt mindretal er det store flertal i nutidens verden rodfæstet i samme filosofi. Vores definitioner og forestillinger om succes i alle områder af livet og dets aktiviteter kan ultimativt opsummeres som materialistiske.

Man tænker på sit liv som meget langt, men Amma siger, at det i virkeligheden er meget kort. Det er som en boble sammenlignet med tidens uendelighed. Livet er som en stor sæk guld, man modtager ved fødslen – en vidunderlig gave. Men så snart man tager sit første åndedrag, begynder universet at samle tid. Og det holder aldrig op – nogensinde. Det bliver ved og ved med at tage, indtil man er gået bankerot. Og når man er gået bankerot, får man et besøg fra døden. Lev derfor livet fuldt og helt.

Jeg læste for nylig lederen i en mainstream avis. Skribenten, som var en velkendt ledelseskonsulent, sagde: "Grådighed er i sig selv en god ting, fordi det giver mennesket en grund til at stå op om morgenen og gå på arbejde og forsøge at få ting til at lykkes. Det er først, når mennesker krydser grænsen og bevæger sig fra at gøre noget godt til at gøre noget uetisk og kriminelt, at ideen om grådighed bliver dårlig."

Khaled Hsseini, som i øjeblikket er goodwill ambassadør for FNs højkommissær for flygtninge skrev i sin novelle "*Drageløberen*", som er blevet en New York Times bestseller: "Den samme aften skrev jeg min første novelle. Det tog mig tredive minutter. Det var en dyster lille fortælling om en mand, som fandt en magisk skål og lærte, at hvis han græd ned i skålen, ville hans tårer blive til perler. Men selvom han altid havde været fattig, var han en glad mand, som meget sjældent fældede en tåre. Så begyndte han at opfinde forskellige måder til at gøre sig selv ked af det, så hans tårer kunne gøre ham rig. Efterhånden som tårerne blev stablet op som perler, voksede hans grådighed. Historien endte med, at manden sad på et bjerg af perler med kniven i sin hånd, mens han hjælpeløst græd ned i skålen med sin elskede hustrus døde krop i sine arme."

Efter at have hørt synopsis til denne fortælling, forestiller jeg mig, at du vil være enig med mig i, at vurderingen fra førnævnte artikel ("Grådighed i sig selv er godt") ikke er passende. Uanset hvad resultatet er, bør drivkraften ikke være grådighed. Det bør snarere være en dyb følelse af glæde ved det, man gør. Man skal have et større formål end at akkumulere rigdom.

Amma siger: "Det er naturligt for mennesker at ønske. Det er en del af eksistensen. Men grådighed og intense behov er ikke naturlige og går imod eksistensen, imod Gud. Det samme gælder at spilde mad og tage mere, end man har brug for fra naturen. Disse handlinger står i modsætning til naturens love."

Hvordan kan man med en enkelt sætning forklare ordet krise? Det er virksomheders grådighed, som oversvømmer samfundet. Kernen i det er, at man bevidst eller ubevidst glemmer den indre rigdom i tilfredsheden. Man er blevet ligeglad med at udvikle den indre skelneevne.

For kun få år siden var en bil, en mobiltelefon osv. skattede ejendele og anset for at være en luksus. I dag er de blevet nødvendigheder. Så gårsdagens luksus er i dag blevet en nødvendighed. Nødvendighederne manifesterer sig nu som et øget begær. Det stopper ikke her. Begær og ønsker antager nu onde former med ekstrem grådighed og udnyttelse. Den indstilling har resulteret i et tab af fundamentale værdier, som forårsager ubalance i de resurser, der er tilgængelige. Men selv når man ser verden omkring sig falde fra hinanden, er man ikke indstillet på at forandre sin mentalitet. Man fortsætter med at udnytte.

Ifølge økonomerne er behov ubegrænsede! Behov og ønsker er vigtige mål at opfylde i livet.

"Når et menneske reflekterer over sanseobjekter, vil det udvikle en tilknytning til dem, og fra denne tilknytning opstår

begæret, og når hvilken som helst forhindring står i vejen for at nyde det, der begæres, manifesterer der sig en kraft, som kaldes vrede. Fra vreden opstår vrangforestillinger, som forvirrer hukommelsen. Når hukommelsen er forvirret, går intelligensen tabt, og når man mister sin intelligens, mister man sin position."

Bhagavad Gita, Kapitel 2, Vers 62 – 63

Hvis sygdommen, der har fået greb i et menneske, bliver til selve essensen af dette menneske, vil han eller hun ikke indse, at det er en sygdom. Når en sådan uvidenhed bliver det substantielle i menneskets eksistens, findes der ingen udvej.

Den virkelige nøgle til succes er at glemme fortiden og være i nuet, i øjeblikket.

Amma siger: "At leve i nuet betyder ikke, at du ikke skal planlægge. Når du tegner planen for en bro, skal du være fuldstændig fokuseret på det i nuet. Og mens du bygger broen, skal du være fuldstændig fokuseret på det i nuet. Når en læge opererer en patient, skal han ikke tænke på sin kone og sine børn derhjemme. Hvis han ikke er fuldstændig fokuseret og nærværende i det nuværende øjeblik, kan patienten måske dø på operationsbordet. Men når han er hjemme hos sin kone og børn, skal han være en god ægtemand og far (eller en kvindelig kirurg skal være en god hustru og mor). Det er både farligt at tage arbejdet med hjem og at tage familielivet med på arbejde. Arbejdet bliver kun fyldt af glæde, når vi kaster kærlighed i det. Kærlighed er nuet. Så at blive forelsket i vores arbejde er det samme som at genskabe forbindelsen til selve kilden til glæde. Denne kærlighed indebærer ikke et fald. Med den rette ånd vil holdningen hjælpe os til at hæve os og få kærligheden og glæden til at stige. Bevar den glæde, den dybe følelse af kærlighed. Det vil gradvist løfte dig op til et niveau af virkelig mestring inden for dit arbejdsområde."

I virkeligheden glemmer man alt om navn, stilling, adresse, familie og status, når man er fuldstændig fordybet i noget, der interesserer en. Det sker for digtere, malere, dansere, videnskabsfolk og mennesker, som arbejder med innovative ideer. Det glædesfyldte humør kommer indefra. Kilden er ikke det ydre. I den tilstand glemmer man, hvilken type arbejde man laver, om det er et passende arbejde eller et underordnet arbejde, fordi nydelsen er mere vigtig.

For årtier siden, da hovedkvarteret for MAM[3] i Kerala kun var et lille stykke jord omgivet af vandområder, var det en del af de fastboendes rutiner at lave "sandseva." Herved fik alle mulighed for at tjene fællesskabet ved at fylde de sumpede områder omkring centret med nyt sand. Sandet blev sejlet ind i sække fra fjerne steder og lagt i bunker på bredden af vandområderne. Derfra blev det skovlet ned i kurve, som folk bar på hovedet til det sted, de skulle fylde op.

Når man var færdige med aftenens bønner og middagsmaden, kunne klokken, der igangsatte sandsevaen, ringe når som helst. Det var blevet så indgroet en del af alle beboernes rutine, at alle ivrigt ventede på at høre lyden af klokken. Den kunne ringe kl. 22, 23 eller endda over midnat. Så snart klokken ringede, gjorde alle beboere sig klar med kurve, skovle, spader, hakker og andre redskaber, der blev brugt til sandsevaen.

Først kom alle beboere uanset alder, nationalitet, køn og sprog og samlede sig foran Ammas værelse for at vente på hende. Snart dukkede Amma op og sagde: "Okay, lad os tage fat..." Amma stod i forreste række og deltog fuldt og helt. Indimellem skovlede hun sand og fyldte det i en sæk, andre gange bar hun sandsække på ryggen hele vejen over til sumpen. Samtidig holdt Amma øje med alt arbejdet og gav instruktioner. Fra tid til anden

[3] Mata Amritanandamayi Math er navnet på organisationen for Ammas humanitære arbejde, som også har navnet Embracing the World.

sagde hun noget morsomt eller sang en sang, og andre gange tog hun et par dansetrin med sandet på hovedet eller skulderen. Selv om nogle af beboerne forsøgte at holde hende fra at bære den tunge sandsæk eller at skovle sandet, sagde hun smilende: "Hvis I kan, så kan jeg også."

Hvert medlem af arbejdsgruppen påtog sig opgaven med den største oprigtighed, entusiasme og kærlighed. Det var sjovt, en virkelig munter begivenhed, hvor arbejdet spontant blev transformeret til leg, som om alle dansede. Folk lagde ikke en gang mærke til, at tiden gik. For det meste plejede sandsevaen at vare lidt over to timer. Til sidst sluttede den, når alle hørte Amma sige: "Nu er det nok for i dag." Så var det ofte blevet et godt stykke over midnat.

Men det sluttede ikke her. Mens hun førte hele gruppen tilbage til sit hovedkvarter, var Ammas næste spørgsmål: "Er den sorte kaffe klar? Har I blandingen og chips? " (Blandingen plejede at være friturestegte ting og saltede bananchips.) Så snart kaffen og blandingen kom, satte Amma sig i sandet, og hun var omgivet af beboerne. Så serverede hun sort kaffe og blanding til alle.

Jeg husker tydeligt et lille optrin, som fandt sted ved en af disse lejligheder. Mens Amma serverede kaffe og chips til alle, sagde hun pludselig til en af beboerne, som var ved at få sin del bananchips og kaffe: "Du har ikke arbejdet, har du vel?"

"Nej, jeg gik i seng."

"Er det retfærdigt at nyde frugten af andre menneskers handlinger?" spurgte hun med rolig stemme.

"Nej," svarede han ærligt. "Det er jeg ked af, Amma." Da han gik sin vej, kaldte Amma ham tilbage og sagde: "Jeg ønsker ikke, at du skal være ked af det. Det gør også mig ked af det. Men samtidig ønsker jeg heller ikke, at andre skal være vrede på dig, eller at jeg statuerer et forkert eksempel. Jeg kan ikke være partisk. Jeg skal ikke give andre indtryk af, at de også kan komme af sted med det. Sindet er så snedigt, at det altid søger efter undskyldninger, så det kan undslippe situationer og ansvar. Tager jeg fejl? Hvad tænker du?"

Denne gang var beboeren virkelig undskyldende. Han sagde: "Amma, du har fuldkommen ret." På det tidspunkt sagde Amma: "Gå nu hen og gør én ting. Tag bare en enkelt sandsæk nede fra bredden og bær den hen til det sted, vi var ved at fylde op med sand. Så kan du komme tilbage, og så får du også din del kaffe og chips." Da han gik sin vej for at gøre, som Amma havde sagt, sagde hun til de andre: "Han er nødt til at bære mindst én sæk, fordi Amma ønsker ikke at være uretfærdig over for dem, som har arbejdet uselvisk. Nydelse og afslapning er resultatet af uselviske handlinger."

Man kan tænke, at Amma var for nidkær, og at hun ved at bemærke en lille fejl og forstørre den, fik fejlen til at fremstå ude af proportion og som en alvorlig grænseoverskridelse. Men de vaner og den karakter, som former personligheden, opstår fra tanker, som man normalt skubber til side som værende uden substans eller ubetydelige. Alle ved godt, hvordan man ved at akkumulere små dårlige vaner og forkerte handlinger med tiden kan risikere, at det bliver farligt. For eksempel begynder tyveri med ubetydelige små tyverier og eskalerer herfra.

Ofte starter succes også i det små og vokser derfra. Oprindelsen til adskillige multinationale selskaber, inklusive Microsoft og Apple, var beskeden. Også to indiske multinationale selskaber, Tata og Reliance, havde en ydmyg begyndelse. Startkapitalen i Infosys var kun omkring 250 amerikanske dollars. Derfra er det vokset til et selskab med 7,4 milliarder amerikanske dollars og markedskapital på omtrent 31 milliarder amerikanske dollars.

Når et enkelt æble falder ned, er det ikke en stor sag. Men i Isaac Newtons sind åbnede det en helt ny verden, som førte til en stor opdagelse. Alt i naturen begynder i det små. Et stort træ vokser frem fra et lille frø. Ifølge teorien om Bing Bang udvidede hele universet sig ud fra en enkelt lille kugle. Som Ralph Ransom, en amerikansk maler, sagde: "Livet er en række trin. Ting gøres gradvist. Indimellem er der et gigantisk skridt, men det meste af tiden tager man små, tilsyneladende ubetydelige skridt på livets trappe."

Amma siger: "Der findes ikke noget uden substans i denne verden, alt har substans, alt har betydning. Et fly kan ikke lette, hvis motoren har et problem. Flyet kan heller ikke lette, hvis der mangler en vital lille skrue. Sammenlignet med motoren er skruen lille. Kan man sige, at motoren er stor, mens skruen er lille, og at man derfor ikke skal bekymre sig om den? Nej, det kan man ikke."

Som ansvarlige indbyggere og bidragende til samfundet, er det vigtigt at indse, at intet kan afvises som uvigtigt. Der findes et formål med alt.

Læseren skal vide, at næsten hele Centrets område, som ligger i Kerala i Indien, en gang var marskområde. Det var beboere og besøgende, som uden hjælp udefra, fyldte de sumpede områder og skabte de nuværende områder, og Amma var hele tiden fysisk til stede og deltog.

Selvom historien om sandseva, der blev fortalt tidligere, kan synes lille, giver den budskabet om, hvor vigtigt det er at være opmærksom under alle livets omstændigheder. Som Amma siger: "Uden opmærksomhed findes der intet liv. Den sande opmærksomhed er at være opmærksom på kroppens bevægelser, de ting som sker uden for kroppen og de tanker og følelser, som findes i sindet. Det er virkelig måden at undgå, at de dårlige vaner begynder at dominere os." Det minder mig om et udtryk, som stammer fra Aristoteles: "Livets ultimative værdi afhænger af opmærksomhed og kraft til at kontemplere snarere end ene og alene at overleve."

Fortællingen om sandseva viser også vigtigheden af en kærlig og ydmyg indstilling, når man møder andre mennesker og håndterer situationer med dem. Amma fortæller beboeren: "Jeg ønsker ikke, at du skal være ked af det. Det gør også mig ked af det," og det viser hendes omsorg for dem, der er med i hendes arbejdsgruppe. Ved ikke at give kaffe og chips til den, som ikke deltog i sandsevaen, sendte Amma tydeligt budskabet om "retfærdig behandling," og "du kan ikke altid holde fast i din egen tilgang – vær en holdspiller." På den måde gjorde hun alle glade.

Det vigtigste er at hæfte sig ved måden, Amma transformerer normalt arbejde og gør det til en glædesfyldt erfaring. Det demonstrerer en leders evne til virkelig at inspirere medlemmerne af sin arbejdsgruppe og opretholde et højt humør, uanset hvilket tidspunkt på dagen eller natten, det er. Som J.R.D. Tata med rette sagde: "Når man ønsker at vinde mennesker, er man nødt til at vinde dem med karakter og godhed. For at være leder, er man nødt til at lede mennesker med omsorg."

Kapitel 4

Gode og onde cirkler

I økonomisk forstand er begreberne en "god cirkel" og "ond cirkel" også kendt som en "god cyklus" og "ond cyklus". Begreberne refererer normalt til en kompleks kæde af hændelser, som forstærker den fremadskridende bevægelse eller gunstige resultater gennem det, som kan kaldes et feedback system. Som begreberne antyder, har gode cirkler opmuntrende resultater, mens de onde cirkler giver nedslående og dårlige resultater.

Der kan skabes en god cirkel, når innovation inden for videnskab og teknologi forårsager økonomisk vækst. Kædereaktionen vil være øget effektivitet i produktionen, reducerede omkostninger, lavere priser og højere købekraft og forbrug, som vil forårsage endnu større økonomisk vækst og derved skabe en ny cyklus. Et andet eksempel kan være de renteindtægter, som akkumuleres, når penge spares op, og som fortsætter med at genere større renteafkast og derved påvirker den indestående opsparing positivt, hvilket giver endnu flere renter og så fremdeles.

Stor inflation er det karakteristiske resultat af onde cirkler, som forårsager en stigning i inflationen, som igen resulterer i en endnu højere grad af inflation. Denne cyklus begynder sædvanligvis med hastigt stigende internationale kurser eller en enorm stigning i regeringens gæld, som primært skyldes forskellige udgifter. Regeringen kan forsøge at reducere gældsposterne ved at få mere valuta, hvilket også er kendt som afbetaling af gælden ved at generere flere penge, men en større mængde penge kan få inflationen at stige yderligere. Folk begynder at forudse, at pengenes værdi vil falde hurtigt, og de begynder at bruge pengene hurtigt. Fordi pengene fortsat har en købekraft, konverterer folk deres økonomiske opsparinger til materielle værdier. Ofte vil disse indkøb ske på kredit, hvilket bevirker, at pengenes værdi går endnu længere ned. Efterhånden som landets opsparinger går ned, vil regeringen finde det tiltagende svært at betale sin gæld, og således er den eneste udvej at trykke flere penge. Det afstedkommer endnu en ond cirkel. Den indiske politik på området adskiller sig fra vestlige lande, primært USA og nogle europæiske lande. Reserve Bank of India (RBI) lader en vis procent guld stå i banken, som svarer til værdien af pengene, og således minimeres muligheden for inflation.

Fordi menneskeheden ikke har formået at anvende de tilgængelige resurser, både naturens og andre resurser, på en fornuftig måde, vil ubalance nødvendigvis blive resultatet, medmindre man tager drastiske skridt i retning af at forbedre den nuværende situation. Den voksende kløft mellem rig og fattig vil resultere i uretfærdig og ulige fordeling af resurser, som automatisk vil invitere til ulykke, manglende tilfredshed og konflikt.

Det er på tide, at man inkorporerer nye principper, som intellektuelt set ikke synes oplagte, men som er vitale ingredienser set ud fra det sted, menneskeheden i øjeblikket befinder sig. Forbedringen i tilgangen vil være at bevæge sig fra det beregnende hjerte til det sensitive hjerte. Det er på tide, at man skaber en vis grad af balance mellem beslutninger, som træffes ved at bruge intelligens, ren fornuft og logisk analyse versus de beslutninger, som træffes ved at bruge hjertet, samvittigheden og kraften hinsides. På den måde kan de ydre og indre verdener gå hånd i hånd.

Samvittighedens hvisken er blød, subtil og subjektiv, så man bliver også nødt til at have dybtgående evner til at lytte. Lad os udvikle en vane med at have ansigt-til-ansigt møder med vores egen samvittighed. Hvis ens samvittighed på et tidspunkt siger "nej" til noget, skal man aldrig fortsætte. Vi har fuldstændig set bort fra vores samvittighed, mens vi har udnyttet naturens resurser.

Jeg tvivler ikke på, at de fleste læsere vil være enige med mig i, at vores planet trænger hårdt til kærlig støtte og en tilgang, der er rodfæstet i at udvise medfølelse. Behovet er ikke kun noget, som kan erkendes af et subtilt og sensitivt sind. Det er så håndgribeligt. Mennesker over hele verden, dyre- og planteriget, vores floder, hele naturen og atmosfæren viser klare tegn på en ikke tidligere set tragedie. For at være direkte er det en situation, hvor vi nu enten må gøre noget eller uddø. Vi har kun to valg: Enten må vi omgående gennemføre indre og ydre forandringer, eller også har vi friheden til at fastholde vores gamle mønstre og lade naturen fortsætte på sin egen kurs.

Jeg husker noget, som professor Stephen Hawking, verdens mest kendte astrofysiker fortalte. Han udtalte sig i et interview for Big Think idemagere: "Jeg ser en stor fare for menneskeheden. Der har været adskillige gange i tidligere tider, hvor overlevelse har været et spørgsmål om at klare skærene eller ej. Cubakrisen i 1963 var en af dem. Hyppigheden af den slags situationer vil sandsynligvis stige i fremtiden. Vi må være meget omhyggelige og udvise stor dømmekraft for at kunne gennemføre succesfulde forhandlinger i denne type situationer. Men jeg er optimist. Hvis vi kan undgå katastrofer i de næste to århundreder, kan vores art være tryg, fordi vi kan sprede os ud i rummet."

"Hvis vi er de eneste intelligente væsener i galaksen, skal vi sørge for, at vi overlever og fortsætter. Men vi er på vej ind i en farlig periode af vores historie. Vores befolkning og vores brug af de begrænsede resurser på planeten vokser eksponentielt med vores teknologiske muligheder for at forandre miljøet på godt og ondt. Men i vores genetiske kode bærer vi stadig de selviske og aggressive instinkter, som hjalp os til at overleve i fortiden. Det vil være vanskeligt nok at undgå katastrofer i de næste hundrede år for ikke at tale om de næste tusind eller millioner år. Vores eneste chance for langsigtet overlevelse er, at vi ikke fortsætter med at se indad mod planeten, men i stedet spreder os ud i rummet. Vi har set bemærkelsesværdige fremskridt igennem de sidste hundrede år. Men hvis vi ønsker at fortsætte ud over de næste hundrede år, ligger vores fremtid i rummet. Det er årsagen til, at jeg bifalder bemandede, eller om man så må sige "personlige" rejser til rummet."

Selvom professor Hawking vurderede, at "vores eneste mulighed for at overleve på lang sigt" er at "sprede os ud i rummet," er det formentlig ikke muligt set ud fra et praktisk synspunkt. Men hvis menneskeheden ønsker det, kan man stadig ved hjælp af de love, som styrer universet, transformere denne planet, så den bliver et smukt sted fyldt med resurser, hvor kommende generationer kan vokse op. Forandringen kræver en metamorfose, som handler om, at man skal opleve, udtrykke og praktisere kærlighed, som er den mest dyrebare følelse for menneskeheden og alle andre væsener. Eller man kan lukke øjnene for alt det, der sker i verden, fokusere på sin egen umiddelbare tilfredsstillelse og sige: "Jeg bekymrer mig ikke om verden og de kommende generationer." Før man indtager den holdning, skal man forestille sig, hvordan verden vil komme til at se ud, hvis hvert eneste individ følger disse tankebaner.

Faktisk er "kærligheden et medium." Som medium forbinder den mennesker med universet, moderen med barnet (uanset om det er et menneskebarn eller en dyre- eller fugleunge). Det er leddet, der forbinder hver og en af os med hinanden, men den iboende kærlighed skal næres. Måske er kærligheden ikke "rummet", som Hawking refererer til. Men i virkeligheden har kærligheden altid været menneskets "rum", menneskets virkelige uopdagede opholdssted. Kærlighed vil fortsætte med at være det virkelige "rum" i eksistensen i nutiden såvel som i fremtiden, medmindre man ønsker at forlade de hellige rum. Essensen i Ammas brand som ambassadør for spejlmodellen er: "Bliv født i kærlighed, lev med kærlighed og dø med kærlighed."

Et enkelt ord er tilstrækkeligt til at beskrive Ammas medfølende natur: *givende*. Dette ene ord kan opsummere de kolossale humanitære aktiviteter, hun har sat gang i og de bidrag, hun har givet inden for uddannelse, sundhed, forskning, styrkelse af kvinder, boliger til de hjemløse, miljøbeskyttelse, gratis måltider osv. Den tidligere indiske præsident, A.P.J. Abdul Kalam, udtalte sig på følgende måde om alt det, Amma har udrettet: "Jeg ønsker at fortælle jer, hvad jeg har lært af Amma: "Giv. Bliv ved med at give. Det er ikke kun penge. Du kan dele viden. Du kan fjerne smerte. Hver enkelt af os – rig som fattig – kan give. Der findes intet større budskab end det, Amma giver til alle mennesker i verden."

Amma er et visionært menneske, men hun har også tydeligt demonstreret sine evner til at levere. Som New Yorks borgmester Michael Bloomberg sagde: "Amma, du har gjort en forskel for så mange taknemmelige mænd og kvinder over hele planeten, fra at yde tsunaminødhjælp til at bygge hjem til fattige, understøtte enker og misbrugte kvinder og ganske enkelt lindre smerten hos dem, der har mest brug for det."

Som Krishna fastslog i Bhagavad Gita: *yogah karmasu kausalam* – "Yoga er dygtighed i handling." Amma tænker, beslutter og handler med en forbløffende hastighed. Ved hvert enkelt projekt tager Amma uselvisk initiativet, fokuserer på sin pligt og bekymrer sig ikke om udbytte eller resultater.

Her er nogle af hendes projekter:

HUMANITÆRE PROJEKTER

Katastrofehjælp:

- I 2012 blev der ydet hjælp, da LPG Tankskibs- og fyrværkerifabrikken eksploderede i Sydindien. De sårede og dødes familier blev hjulpet
- Ved jordskælvet/tsunamien i 2011 blev der givet 1 million $. Pengene blev især brugt til børn, der var blevet forældreløse ved katastrofen.
- Ved jordskælvet i Haiti 2010 blev der ydet medicinsk hjælp, tæpper og skolestipendier til børn.
- I forbindelse med oversvømmelse i Karnataka og Andhra Pradesh i 2009 doneredes 10,7 millioner $ til nødhjælpspakker med lægehjælp, mad, forsyninger og 1000 nyopførte hjem til flygtninge.
- Efter cyklonen Aila i vest Bengali i 2009 blev der givet lægehjælp, mad og forsyninger.
- Mere end 1,5 millioner $ blev givet til lægehjælp, mad, forsyninger og husly ved oversvømmelserne i Bihar (2008), Gujaret (2009) og Mumbai (2005).
- Ved jordskælvet i Kashmir i 2005 blev der ydet mad og forsyninger.
- Orkanen Katrina, U.S.A. (2005): 1 million $ til Bush-Clinton Katrina – Fonden.
- Efter tsunamien i Indien og Sri Lanka i 2004 blev der ydet 46 millioner $ til hjælp til overlevende. Der blev bygget 6200 nye tsunami-sikre hjem, 700 nye fiskerbåde og en evakuerings-bro. Desuden fik 2500 tsunamiofre en efteruddannelse.
- Efter jordskælvet i Gujarat 2001 blev der bygget 1200 jordskælvs-sikre hjem.

Andre hjælpeprojekter:

- Færdiggørelse af 45.000 boliger til fattige over hele Indien.
- 41.000 skolestipendier til børn fra fattige i landbrugssamfundet, men med det mål at nå op på 100.000 modtagere.
- Iværksætterhjælp til 100.000 kvinder gennem erhvervstræning, startkapital og adgang til mikrolån.
- Økologisk landbrugsprojekt der støtter 10.000 fattige mennesker til at dyrke økologiske grøntsager på deres jord.
- Børnehjem til 500 børn i Kerala og 50 børn i Nairobi.
- Hvert år gives mad til 10 millioner fattige i Indien. 100.000 udenfor Indien inkl. 75.000 fattige i USA får mad via suppekøkkener.
- 59.000 subsistensløse kvinder og mennesker med fysiske og mentale handicaps får pensioner. Målet er at komme op på 100.000.
- Der er bygget fire plejehjem til ældre i Indien.
- Der er indrettet vandrehjem, hvor kvinder kan være trygge.
- I USA giver et fængselstøtteprojekt følelsesmæssig støtte til de indsatte.

Spirituelle og kulturelle projekter.

- Amritapuri Ashram (Kerala, Indien) er det internationale hovedkvarter for Ammas hjælpearbejde, som bliver udført i hundredvis af underafdelinger og støttegrupper over hele verden.
- IAM- teknik (integreret Amrita meditationsteknik.) Der undervises gratis i IAM over hele verden.
- AYUDH hjælper unge gennem princippet: "Vær den forskel du gerne vil se i verden". Der fokuseres på samfundstjeneste og opsøgende projekter.

- GreenFriends ansporer til respekt for naturen og har siden 2001 inspireret til og arrangeret beplantning af 1 million træer.

Sundhedspleje:

Amrita-Institut for Lægevidenskab (AIMS)

- AIMS er et non-profit-hospital, som har 1300 sengepladser, hvoraf de 210 er intensive. Hospitalet yder gratis behandling til fattige.
- Der er 12 store centre, 51 afdelinger og 24 operationsstuer.
- Mere end 2,6 millioner patienter har modtaget fuldstændig gratis behandling siden 1998.

AIMS Samfundstjeneste

- Der gives telemedicin til hospitaler og mere end 40 fjerntliggende centre i Indien og i dele af Afrika.
- Der gives gratis screening for sygdomme i fjerntliggende områder, hvor der også ydes forebyggende indsats.
- Hundredvis af landsbyboere får uddannelse til sundhedsarbejdere.
- 5 grens-hospitaler (3 i Kerala, 1 i Karnataka og 1 på Andaman-øen) giver gratis behandling.
- AIDS- behandlings – og plejecenter i Trivandrum og hospice for kræftramte i Mumbai.
- Døende får gratis palliativ indsats og smertebehandling i hjemmet.
- Årligt er der mere end 100 gratis sundhedslejre over hele Indien.
- Der tilbydes ayurvedisk lægebehandling på Ayurvedaskolens hospital med 160 sengepladser.
- 100.000 kvinder er uddannet til hjemmesygeplejersker i mere end 6.000 selvhjælpsgrupper.

Uddannelse:

Amrita Vishwa Vidyapeetham (Amrita-Universitetet)

- 5 universitetsområder med ingeniøruddannelse, lægeuddannelse, sygepleje-, tandlæge-, farmaceut-, handel-, journalistik-, ayurveda-, pædagogik-, bioteknologi- og kunstvidenskabsskoler
- Amrita-forskningslaboratorier og andre forskningsafdelinger udvikler hele tiden nye innovationer indenfor kommunikation, e-læring, pædagogiske teknologier, computervidenskab og bioteknologi.
- 30 ledende universiteter over hele verden, inklusive Stanford, MIT, NYU, EPFL i Schweiz, VU i Amsterdam, TU München, Rom Tre, ETH Zürich og Universitetet i Tokyo samarbejder med Amrita Universitetet for at forbedre uddannelse og forskning i Indien.
- Institut for voksenuddannelse tilbyder jobtræning og samfundsudvikling.
- Forenede Nationer roste læsefærdigheds-programmet for stammefolk.

Grundskole og overbyggende uddannelse

- Der er 47 skoler over hele Indien med værdibaseret, holistisk tilgang til indlæring.
- En skole for hørehæmmede børn i Kerala.

Alle Ammas anstrengelser er rettet mod at skabe gode cirkler og på den måde udelukke muligheden for at blive trukket ned i hvirvelstrømmen af onde cirkler, der spreder bakterierne af negativitet til alle i omgivelserne som en smitsom sygdom.

Kapitel 5

Dyder, ligevægt og nåde

Som det blev forklaret i det tidligere kapitel, har økonomer deres egen måde at beskrive onde og gode cirkler. Ammas lederskab og måde at styre sine aktiviteter opbygger ekstraordinære kærlighedsbaserede gode cirkler, som konstant skaber og former godhjertede mennesker.

Når den ene dårlige ting fører til den anden, kalder man det en ond cirkel. Lad os se på frygt som eksempel. Når man er i frygtens greb, om ikke overvundet af den, fører frygt til øget frygt, som hen ad vejen vil udløse mere og mere frygt. Således kommer man ind i en ond cirkel. Når det drejer sig om frygt, vil følelsen trænge dybere og dybere ind i ens sind. Jo mere man tillader frygten at styre, des mere vil den blive dybt indgroet og udvikle sig til at blive en vane, som påvirker ens ord, energi og opførsel.

I de gode cirkler, som Amma udvikler, vil der ske det modsatte. Fordi lederen i praksis selv følger vejen, vil folk føle sig kolossalt inspirerede af hendes retfærdighed, kærlighed til menneskeheden, kraft, tålmodighed til at lytte, frygtløshed osv. Når et så kraftfuldt levende eksempel leder en organisation, vil gruppen have en naturlig trang til at efterligne de positive kendetegn. Denne forbindelse og cyklussen, det skaber, bliver en katalysator, som gør det muligt for organisationen at skabe forbløffende resultater.

Jeg kommer til at huske et eksempel på Ammas retfærdige og omsorgsfulde holdning: Efter at vores NGO færdiggjorde tsunaminødhjælpen og rehabiliteringsaktiviteterne, ønskede vi at nedfælde alle detaljerne i bogform som et dokument til fremtidig brug og reference. Da vores udkast var klar, viste vi det til Amma, inden det gik videre til at blive trykt. Det var en ret stor bog fyldt med billeder og levende beskrivelser. Mens Amma gav darshan bladrede hun siderne igennem og så på billederne af de forskellige seva-projekter i forbindelse med tsunaminødhjælpen. Der var billeder af Amma, som arbejdede ved siden af frivillige, seniormunke, beboere, besøgende fra vesten og unge som gamle, der var engagerede i forskellige sevaaktiviteter. Vi havde endda et billede af elefanten Ram, en af ashrammens elefanter, som bar noget træ, der skulle bruges til at bygge huse. Mens hun kiggede på billedbogen, råbte Amma pludselig: "Hvor er Lakshmi?" Først forstod jeg ikke, hvad hun mente. Jeg troede, at Amma refererede til Lakshmi, som er Ammas personlige assistent. Men Amma sagde: "Nej, Lakshmi! Lakshmi! Lakshmi! og forklarede det: "Det er ikke retfærdigt. Du har billeder af Ram, men ikke af Lakshmi. Hun udførte også tsunamiarbejde." Amma refererede til den anden elefant i ashrammen, Lakshmi. Det er virkelig retfærdighed, ikke kun for mennesker, men også for dyrene.

Ammas eksempel på uselviskhed og omsorg tiltrækker højt intelligente videnskabsfolk, fysikere og professionelle fra hele verden og integrerer dem i universitetet og sundhedsydelserne, mens hun omhyggeligt har overblik over resurser og omstændigheder. Denne type ledelse skaber spontant en god cirkel.

Gennem hele sit liv, og selv i dag, er Ammas liv fyldt af prøvelser og trængsler. I begyndelsen var det hendes familie og landsbyens indbyggere. Selvom de på nuværende tidspunkt fuldstændig har accepteret hende, mødte Amma fra 9 års-alderen, hvor hun holdt op med at gå i skole, og frem til slutningen af 80'erne utallige forhindringer, som hun var nødt til at overvinde. Ingen i hendes familie eller i landsbyen havde forståelse for, at hun fulgte en vej, der var viet til kærlighed og medfølelse. Særligt da Amma var en ung pige, var familiemedlemmerne meget bekymrede for hendes fremtid. Men hendes tro og forpligtelse over for et liv baseret på værdier som medfølelse og omsorg var urokkelig stærk.

Amma har skabt et vidtstrækkende netværk af gode cirkler, som følger små børn og voksne i alle slags omstændigheder. Således skaber Amma en renselsesproces, hvor selv små børn forpligter sig til at skabe forandringer, og hun skaber et verdensomspændende fænomen, hvor de børn, der er knyttet til Ammas organisation, lægger penge til side, som de modtager fra slægtninge, for at støtte velgørende aktiviteter.

For et par år siden, da Amma var i Schweiz, kom en dreng på omkring tretten år hen til hende med en lille konvolut i hånden. Mens han gav det til Amma, sagde han: "Det er til dine velgørende aktiviteter."

Amma spurgte: "Hvad er der indeni?"

"Tre hundrede euro," svarede drengen.

"Hvor fik du dem fra?" spurgte Amma.

"Jeg deltog i en konkurrence, hvor jeg spillede fløjte og vandt førstepræmien. Det er de penge, jeg modtog som præmie. Du gør så meget for at hjælpe de fattige. Derfor skal du have dem." Drengens ord udstrålede ren kærlighed og uskyld. Amma insisterede på, at han skulle beholde pengene og bruge dem på sig selv.

Men historien slutter ikke her.

Drengens lillesøster var ked af det, fordi hun ikke havde noget, hun kunne tilbyde for at hjælpe de fattige. Men et par uger senere blev det hendes fødselsdag. På det tidspunkt var Amma i München. Den lille piges bedstefar gav hende et mindre beløb i gave. Normalt plejede hun at købe is eller chokolade for de penge, han gav hende, men denne gang fortalte pigen sine forældre: "Jeg spiser is hele tiden. Men denne gang vil jeg give mine penge til Amma. Hun passer på så mange børn som mig, gør hun ikke?"

Det er sådan, at kærlighedens renselse finder sted. Det sker ved forbindelse, forståelse og oprigtig omsorg for andre. Drengen og pigen havde et ønske indeni. De ønskede at tjene mindre heldigt stillede børn.

Et inspirerende eksempel kan helt bestemt nå vidt omkring og røre enhver i hjertet. Sådanne rollemodeller går på tværs af sprog, lande, religion og alder og hjælper mennesker til gradvist at have rene mål og hensigter. Sådan hjælper Amma mennesker til at åbne deres hjerter.

Ligesom et hvilket som helst andet forehavende vil dydens vej kræve urokkelig tro og styrke. Når ens vedholdende kraft bliver dybere, vil ting gradvist forandre sig. Ens arbejde, tanker og nærvær skaber en naturlig accept og respekt. På samme tid vil et menneske, som følger denne vej, forblive et mysterium, fordi det beregnende sind vil finde det vanskeligt at forstå kraften i dyden, som når den omsættes i handling, bliver en måde at leve på. Når man først kommer ind i en god cirkel, vil ens indre kraft og potentiale blomstre. Dyd beskytter en mod alle vanskeligheder, fordi man nu er forbundet med universets evige lov. Man er blevet ét med det flow.

Den gode cirkel bliver også mere centreret, uanset ydre omstændigheder. Man kan fuldt og helt nyde ydre succes, men når noget ydre ikke lykkes, vil man forblive centreret i den indre dyd. Den indre centrering er kun et spørgsmål om opmærksomhed.

Den største fordel ved at komme ind i en god cirkel er, at den fuldstændig blokerer for egoets unødvendige indblanding. Den normale antagelse over hele verden er, at man ikke kan opnå noget uden egoet. Men sandheden er tværtimod, at egoet ikke er en virkelig ven, men en fjende, en snublesten, som forhindrer det enkelte menneske i at se, lytte, observere og vurdere ting rigtigt. Det er som en gigantisk sky, som omgiver hele sindets vidtstrakte himmel og overskygger virkeligheden. Ved at minimere egoets indblanding, vil den mentale klarhed, intelligensen, effektiviteten og færdighederne tage et stort spring fremad. Når man frakobler egoet bliver man i stand til at træffe hurtigere og mere præcise beslutninger.

Jo mere man minimerer egoets indblanding, des større bliver den støtte og beskyttelse, man modtager fra universet. Det er næsten som en slags ukendt kraft, som bærer én gennem forskellige udfordringer i livet. På dette tidspunkt bliver nådens lov, der hersker i universet, aktiveret i det daglige liv.

Nådens lov starter en proces med både lodret og vandret vækst. Man udvikler en særlig evne til at omskabe enhver forhindring til en velsignelse, til endnu en rejse man kan begive sig ud på for at hæve sig til det næste niveau af sejr. Men denne omvendelse vil ikke betyde, at problemer vil forsvinde, eller at situationer vil forandre sig dramatisk. Forvent ikke at ydre situationer forandrer sig, men der vil helt bestemt ske et skift i den indre verden.

Nåde er et "ukendt fænomen", som kommer fra et sted, som er ubegribeligt for os. For at det lykkes at færdiggøre et projekt, har man brug for det aspekt, der kaldes nåde. For eksempel kan man have en vision om noget, man vil udrette, men det er ikke sikkert, at man har nåden, der skal til for at gøre visionen til virkelighed. John F. Kennedy havde en vision om at få et menneske til at lande på månen og komme sikkert tilbage til jorden den 25. maj 1961. Kennedy vidste, at der var en kolossal konkurrence med andre nationer inden for udforskning af rummet. Han ønskede, at USA skulle være det første land, som fik et menneske til månen. Men hans vision blev ikke realiseret, mens han selv var USA's præsident. Det skete først i 1969, da Richard Nixon blev præsident.

John F. Kennedy var måske en mere populær præsident for USA. Men alligevel var der noget bag gardinerne, en usynlig kraft, som afgjorde, at det var præsident Richard Nixon, som fik fortjenesten af at sende et menneske op på månen og få det sikkert tilbage. Der findes så mange af den slags eksempler i menneskehedens historie. Den slags begivenheder indfinder sig og vil fortsætte med at gøre det.

Gennem tyngdekraften tiltrækker jorden alting og får det til at falde nedad. Det anser man for at være en universel lov. Ingen kan benægte det faktum, at alt i livet er gennemtrængt af dualitetens natur: glæde og sorg, succes og fiasko, sejr og tab, skam og ære, sommer og vinter, regn og solskin osv. For at afbalancere den ydre tyngdekraft, som trækker alting nedad, skal der på samme måde være en indre lov, som får mennesket til at løfte sig op og hæve sig over alle situationer. Det er nådens lov. Amma forklarer: "Så længe egoets lov holder os nede, kan nådens vind ikke bære os opad."

Mens en ond cirkel er forbundet med lavere følelser, er en god cirkel forbundet med et højere niveau af bevidsthed. Amma hjælper mennesker til at forandre deres bevidsthed fra det lavere til det højere, og således skaber hun en verdensomspændende cirkel af mennesker, der er kendetegnet ved dyder.

Kapitel 6

Små justeringer og store forandringer

Der findes et smukt citat af Aristoteles: "Enhver kan blive vred – det er ingen sag. Men at være vred på det rette menneske, i det rette omfang, på det rette tidspunkt, med det rette formål og på den rette måde er ikke let. Derfor er det heller ikke noget, alle er i stand til."

Det er forståeligt, at folk ikke tager Aristoteles alvorligt i et samfund, som er penge- og resultatorienteret, og hvor folk i stigende grad er styret af deres voksende begær og utrættelige behov. Men hvis man er et intelligent menneske og har gode refleksionsevner, vil man ikke kunne benægte, at hans ord rummer en filosofisk dybde og psykologisk indsigt, og ej heller at de indeholder kimen til en væsentlig spirituel sandhed. Ethvert menneske, som tilegner sig en forståelse af hans budskab og omsætter det i praksis, vil opleve en storslået forandring i sit daglige liv.

I mange lande og kulturer ser man i øjeblikket en forandring i de teoretiske og praktiske tilgange til ledelse. Transformationen er i høj grad tiltrængt, da man ellers risikerer, at fysisk, følelsesmæssigt og intellektuelt overbebyrdede mennesker i erhvervslivet står over for nervesammenbrud. Mange forretningsfolk beklager sig over, at deres liv er blevet mekanisk og monotont, de oplever, at spontaniteten er forsvundet, og at der ikke længere er nogen glæde og leg.

Som jeg ser det, kan enkelthederne i Aristoteles' citat opsummeres med tre fokusområder: at være opmærksom, at være et vidne og at lytte. De sidste to ting - at være et vidne og at lytte – er afhængigt af det niveau, vores opmærksomhed befinder sig på. Jeg tænker på ingen måde, at læserne skal praktisere disse tilgange i ekstrem grad. Man kan opleve en fordelagtig virkning ved bare at praktisere dem i nogen grad.

Der findes et vers i Bhagavad Gita, hvor Krishna siger til Arjuna:

> *Svalpam Apyasya Dharmasya Trate Mahato Bhayat...*
>
> *Blot en lille smule praksis af spirituelle sandheder kan hjælpe dig til, at komme igennem den største frygt.*

Vi samler en stor mængde information om, hvordan vi kan hjælpe os selv og forsøger at tilegne os den via hjemmesider, blogs, online-aviser, bøger, blade og forskellige andre kilder til viden. Hvad nytter den information, hvis den ikke giver os et solidt grundlag, hvor vi kan stå mere stabilt rodfæstede i mødet med livets udfordringer? Hvad nytter informationen, hvis den ikke sætter os i stand til at møde udfordringerne med indre styrke, forståelse og dybde?

Det er ikke kun informationer, vi samler på. Der findes mennesker, som bliver ved med at samle på snart sagt hvad som helst, de støder på. At hamstre er en dybt indgroet vane for dem. De samler på gamle dele af motorcykler, som de finder på skraldepladsen. Et håndtag, et sæde, et brækket hjul, en uanvendelig blinklygte og et håndtag fra et andet motorcykelmærke, som er lavet af et andet firma. De bliver ved med at samle alt det skrald sammen og fylder deres garage. Hvis nogen spørger dem: "Hvorfor samler du på alt det affald?" siger de: "En dag vil jeg sætte mig og samle alle delene til en motorcykel, jeg vil kunne bruge." Det sker bare aldrig, det er i virkeligheden et luftkastel og måske dør manden uden, at projektet nogensinde er blevet færdigt.

Min pointe er, at når vi samler på information, som vi ikke omsætter til praksis, kan informationen tynge os, så vi er endnu mere bebyrdede end før. Den kan nedsætte vores psykiske formåen såvel som evnen til at tænke klart.

Aristoteles' ord kaster lys på en vej, som fører til succes, berømmelse og indflydelse. Hans råd var: "Vær vred på det rette menneske, i det rette omfang, på det rette tidspunkt, med det rette formål og på den rette måde." Burde alle ledere og administrerende direktører ikke stræbe efter at udvikle denne evne?

For at være i stand til at følge dette råd kræver det, at man har udviklet en holdning, hvor man formår at være et vidne til de ting, der sker. Det fordrer en evne til at koble sig mentalt fra det nærværende projekt og se på det fra observatørens perspektiv. Når man har lært denne værdifulde færdighed, kan man få øje på hidtil usete og vigtige aspekter af den omgivende verden. Det er som at åbne låget på en skattekiste eller at pakke en kostelig gave op. I de indiske skrifter beskrives vidnetilstanden som "*Sakshi Bhava.*" Det svarer næsten til at løfte sig selv op på et astralt plan i et stykke tid. Basalt set hæver man sit opmærksomhedsniveau, så man får et bedre overblik over alt, hvad man gør, og alt, hvad der sker omkring en.

Hvad angår at lytte, handler det ikke bare om at høre det, andre siger, men også om at lytte til sin egen samvittighed. Samvittigheden lyver aldrig. Så ved at lytte til den, vil man uvægerligt forbedre sin evne til at træffe beslutninger.

I de indiske skrifter står der: "lyt, reflekter og praktiser." Det første skridt er at lytte udadtil. Hvis man læser en bog eller lytter til et foredrag, skal man ikke skrive noter. Man skal nøjes med at lytte og indtage hvert eneste ord. Refleksionen, som er det andet skridt, er at lytte indadtil. Man bruger fornuften til at foretage en dyb undersøgelse af det, man har hørt. Denne disciplin fører til en oprigtig subjektiv erfaring af det emne, der studeres og en ægte internalisering af det. En oprigtig anstrengelse med denne tilgang åbner for den sjette sans, det intuitive sind. Et menneske, der søger sandheden, kan komme endnu længere og smelte ind i en tilstand af ren lyksalighed.

Albert Einstein siger: "Det intuitive sind er en hellig gave, og det rationelle sind er en trofast tjener. Vi har skabt et samfund, som ærer tjeneren, og vi har glemt gaven."

Fordi opmærksomhedsniveauet er lavt, forbliver man identificeret med den objektive verden og glemmer alt om den subjektive verden. Når noget går galt i de ydre omgivelser, "går det også galt" for sindet. Når aktiemarkedet går ned, kollapser man. Når man lider et tab eller begår en fejl, sker der også et indre tab. Det påvirker ens liv og alle tankeprocesserne. Man er for tæt på og for identificeret med problemet, og derfor formår man ikke at se det store billede. Man mister sin klarhed og skelneevne.

For at få en bedre indsigt i det, der foregår, er man nødt til at træde uden for problemet og se det på afstand. Som et eksempel kan man holde håndfladerne tæt op mod øjnene og forsøge at se linjerne i dem. Ingen af linjerne vil være tydelige. Når man derimod holder hænderne længere ude i en afstand af omtrent 45 cm, kan man tydeligt se dem. Det samme princip gør sig gældende med de situationer og mennesker, man ønsker at forstå. Ligesom man bevæger hånden for at se alle linjer og markeringer på håndfladerne, er man psykisk nødt til at omstille sig og tune ind, så man får overblik over alle detaljerne og opnår en dybere indsigt i sagen. Når man derimod er for stærkt identificeret med egne ideer og strategier, taber man det store billede af syne. Uanfægtethed gør det muligt at møde livets forskellige udfordringer effektivt og håndtere dem på en intelligent måde.

Amma giver et eksempel: "Forestil dig, at et nært familiemedlem til din nabo dør. Så går du derhen, trøster familien og måske citerer du en passage fra skrifterne, hvor der står, at "døden er uundgåelig." Når man er et vidne til denne situation, identificerer man sig ikke med problemet, og derfor er man i stand til at holde en distance til det. Men når et nært medlem af ens egen familie dør, er man ikke længere i stand til at praktisere den samme distance, som man anbefalede andre at have i den tilsvarende situation, fordi man nu er for involveret i problemet. Man bliver ét med det. Man mister det følelsesmæssige centrum. Man skal finde ud af, hvordan man kan forblive afbalanceret og uanfægtet."

Man kan ikke forandre situationen, forandre et andet menneske, kontrollere fremtiden eller opnå fuld tilfredsstillelse og sikkerhed i forhold til noget, der finder sted i den ydre verden. Det eneste, man kan gøre, er at udvikle gode evner til at forvalte den indre verden, så man kan hæve sig over situationen og se den ud fra et højere bevidsthedsniveau. Det er essensen og substansen i den lære, som findes i Bhagavad Gita. Jeg spørger mig selv, om det var det, Peter Drucker mente, da han sagde: "Man kan ikke styre forandring. Man kan kun være forud for den."

Tænk for eksempel på den indiske gymnasieelev, som har et stort ønske om at blive læge. Der hviler et stort pres på ham, fordi han skal leve op til forældrenes forventninger. Den afsluttende eksamen vil afgøre hele hans fremtid. Det afhænger af hans karakterer, om han kan læse til læge, ingeniør, komme på handelshøjskolen eller måske vælge et andet erhverv, som ikke involverer universitetsstudier. Alle fokuserer så meget på at klare sig godt til disse eksamener, at skuffelse er uundgåelig. Gymnasieeleven har selv kontrol over, hvor meget han forbereder sig, men resultatet er han ikke herre over. Alligevel er hver eneste gymnasieelev, som skal op til den afsluttende eksamen, og hver eneste forældre i hele landet under stort pres i den periode. Det er en stor pine for dem.

I stedet for at føle sig presset af frygt, angst og stress, som affødes af bekymringer for resultatet, er det så ikke sund fornuft at fokusere på det, som kan kontrolleres i stedet for det, der ikke kan kontrolleres? Handlingen finder sted i nuet. Man skal være fuldt opmærksom på denne handling, der finder sted i nuet. Det er det eneste, man kan kontrollere. Fremtiden er uden for ens kontrol. Det er en helt enkel sandhed.

Hvis forældrene hjalp barnet til at forstå det, ville det så ikke fjerne anspændthedens tunge byrde? Vil det ikke hjælpe både forældre og barn at kanalisere mere energi over i den nærværende opgave, hvor de fokuserer på læring og studier? Når forældre og barn ikke er knyttet til resultatet, og når de accepterer den uforudsigelige fremtid, vil der opstå et flow omkring tingene. Når man engagerer sig i sine handlinger, skal man forsøge at glemme resultatet, hvis det er muligt. Det vil løfte byrden fra ens skuldre og holde en afslappet og fokuseret.

Uanset hvilket arbejdsområde man har, og hvad man forsøger at opnå, er det gavnligt at træne sig i at være et vidne (kunsten at være uanfægtet). Det vil øge virksomhedens produktivitet og forbedre ens lederevner. Man skal også opmuntre de ansatte til at praktisere denne teknik. G.K. Chesterson sagde: "Engle flyver, fordi de tager let på sig selv." For at være lettere og stige op til nye højder, skal man mindske vægten af egoet og lette byrden af unødvendige tilknytninger.

Lad os se på en situation, hvor der måske er opstået en konflikt. Af Amma lærte jeg for år tilbage noget om værdien af at være et "vidne" til verden omkring mig. Jeg forstår nu, at vi mennesker er tilskuere til et utroligt, komplekst drama, som er det menneskelige liv. Nogle gange træder man måske selv op på scenen, men for det meste er det ens rolle at sidde på tilskuerpladserne og betragte det, der sker. Når man indtager et sådant perspektiv, som er mere oppefra luften, kan man overskue alle fordelene ved bestemte situationer, overveje alle de perspektiver, der findes på begivenhederne og tænke virkelig helhedsorienteret.

En gang hørte jeg Amma sige: "Hvis man vil redde et menneske, der er ved at drukne, skal man holde sig på sikker afstand, mens man trækker ham eller hende ud af vandet og holder fast i håret. Ellers vil det menneske, der er ved at drukne, trække det menneske, der forsøger at hjælpe, med ned i det dybe vand. Begge vil drukne. "

Når man ikke er knyttet til resultatet, er der større chance for, at man opnår succes. På samme måde vil man kunne være mere vågen og opmærksom, når man udfører sine daglige pligter med en vis grad af uanfægtethed. Lad mig citere Amma: "En fugl, som sidder på en tør pind, kan måske kvidre, spise eller endda sove, men den vil være klar til at flyve fra grenen hvert eneste øjeblik. Selv ved den mindste smule vind er vingerne beredte på at bevæge sig. Fuglen er hele tiden klar til at lette, fordi den ved, at den tørre gren kan knække når som helst."

Jeg tænker, at en historie, der handler om at være et vidne, kan hjælpe til at illustrere disse pointer. En fransk instruktør, Jan Kounen, lavede en dokumentarfilm om Amma: "Darshan – omfavnelsen." Filmen blev officielt præsenteret ved Cannes Film Festival i 2004. Screening foregik i Cannes den 18. maj samme år. Alle ønskede virkelig, at Amma skulle komme og være med, men hun ville ikke aflyse de programmer, der var planlagt med hende, og derfor sagde hun meget høfligt nej tak til invitationen. I stedet bad Amma mig om at repræsentere hende. Derfor rejste jeg til Cannes som Ammas udsendte.

Under dette ophold var jeg forpligtet til at være sammen med mange mennesker fra underholdningsindustrien. Mens jeg var sammen med mine nye venner fra broderskabet i filmverdenen og deltog i flere fester, to af disse blev afholdt i luksuriøse yachts og andre på femstjernede hoteller, bevarede jeg et perspektiv på situationerne, hvor jeg var vidne til dem.

Da jeg kom tilbage, var der andre, som var meget nysgerrige. Mange mennesker spurgte: "Kom nu. Fortæl os, hvordan det var at gå ned ad den røde løber og være der?" Selvfølgelig forestillede folk sig, at det for mig som *sanyasi* (munk) måtte være mærkeligt at deltage i festivalen. Men jeg sagde til dem: "Jeg var kun en budbringer. Jeg var der. Jeg deltog. Det var et ansvarsområde, som Amma, min leder, pålagde mig. Og jeg var nødt til at udføre opgaven oprigtigt og med kærlighed. Det gjorde jeg. Men fordi jeg var fuldt opmærksom på min rolle som "budbringer", kunne jeg forblive en tilskuer til alt det, der skete, mens jeg var der."

Når man bliver bedt om at spille en rolle, skal man gøre sit bedste uden at identificere sig med rollen. Jeg var på et tidspunkt nødt til at give en kort tale på tre minutter, der handlede om Amma og hendes humanitære arbejde. Publikum havde ikke tidligere haft nogen oplevelser med Amma, og jeg havde ingen anelse om, hvordan deres spirituelle forståelse var.

Det var måske første gang nogensinde i hele Cannes Film Festivalens historie, at der kom en hindumunk og repræsenterede "heltinden" til en screening. Der var mennesker fra hele verden. Og de fleste af dem var enten fra filmindustrien, meget glade for film eller var kommet for at se filmstjernerne. Jeg var i knibe. Jeg tænkte i mit stille sind: "Hvordan kan jeg præsentere Amma på den rigtige måde? Det var ikke muligt at tale om kærlighed til Gud, overgivelsen af selvet osv. Hvordan kunne jeg hjælpe publikum til at relatere sig til det, Amma står for?"

Min største frygt var, at publikum ville være fordømmende og lukke mentalt af for filmen, så snart de fik øje på en munk i orange tøj, som repræsenterede "heltinden". Det kunne sagtens ske, hvis jeg ikke var forsigtig. Jeg lukkede øjnene i et par øjeblikke og lyttede indadtil. Pludselig var der noget, som gik op for mig. I løbet af min skoletid og de år, hvor jeg gik på universitetet, havde jeg altid ønsket at blive skuespiller og musiker. Det var helt ærligt sådan mine prioriteter for livet var en gang. Jeg stod foran den fyldte sal og fortalte: "Kære brødre og søstre, for seksogtyve år siden var det mit mål at blive skuespiller. Men så skete der noget, som førte mig til min lærer og instruktør, Sri Mata Amritanandamayi Devi – Amma, som er det navn, hun er kendt under, rundt omkring i verden."

I samme øjeblik jeg sagde disse ord, blev der skabt en forbindelse. Forsamlingen grinede og klappede. Det gjorde mig mere sikker på mig selv, og jeg fortsatte: "Det er en stor glæde for mig at stå her og repræsentere Amma foran jer, som er en forsamling af yderst kreative mennesker. Venner, gennem jeres kunst har I evnen til at udøve stor indflydelse på mennesker i hele verden og forandre deres liv. Amma forandrer også menneskers liv gennem hendes enkle og dog dybe handlinger, som udspringer af kærlighed og medfølelse." I denne situation var det ikke logisk tænkning eller analyse, jeg havde brug for. Det, der virkelig hjalp mig, var at lytte indadtil, at være uanfægtet og at fastholde rollen som budbringer.

Filmens screening gik godt. Der var fuldt hus. Og jeg tror, folk godt kunne lide filmen. Det var mit livs drøm at være skuespiller, før jeg mødte Amma. Alligevel var jeg hverken opløftet af forsamlingens reaktion eller trist over, at skuespil ikke er blevet en del af min livsvej. Jeg tror, at den vej, som jeg i sidste ende valgte, eller som blev skænket til mig, er højere end nogen anden vej. Alligevel var der her et længe skattet intenst ønske hos mig, som i et kort øjeblik blev virkeliggjort. At deltage i Cannes Film Festival er en stor ære, et mindeværdigt øjeblik for enhver i filmindustrien. Det er en af deres drømme. Man kan forestille sig, at den transformation, som har bragt mig ind på min nuværende vej ikke havde fundet sted. Så ville jeg have været utrolig opløftet og anset det for at være et af mit livs store begivenheder. Jeg var måske blevet revet med. Men for mig var noget forandret indeni. Den indre verden var forandret. Nu var jeg kun en budbringer, som skulle gennemføre en bestemt mission.

Voldsomt overvældende følelsesmæssige tilstande er en risiko, når noget skal lykkes for en. Derfor er det vigtigt at holde psykisk afstand. Evnen til at træde til side og betragte de nye oplevelser hjalp mig til at komme igennem festlighederne og festivalen på en rolig, fattet og afslappet måde, som affødte den rette respons. Frem for alt var det fordi jeg brugte mit indre potentiale maksimalt, at jeg var i stand til at klare mig godt, selvom jeg befandt mig sammen med mennesker, hvis samtaleemner ingen forbindelse havde til mit nuværende liv.

Måske var oplevelsen designet af en kraft fra det hinsides, som hjalp mig til at slippe enhver dybt rodfæstet karmisk rest, som var forblevet i mig, og derved gøre min rejse fremad mere smidig. Den vigtigste pointe er, at forandringen i min erkendelse gjorde det lettere for mig at se det hele i et positivt lys, og derfor lykkedes tingene for mig.

Når man er indstillet på at være budbringer, får man en indre evne til at kigge på ting fra en tryg afstand, og det gør det muligt at opnå en bedre forståelse af situationen. Det hjælper til større præcision og indsigt og styrker derved præstationsevnen. Når den indre evne når en større dybde, finder man en ny styrke, som hjælper til at overvinde de lavere følelser. Man bliver mester og sindet og følelserne bliver tjenere. De fristende ydre omstændigheder vil ikke længere påvirke en. Som leder får man mere vitalitet, stabilitet, klarhed og overblik. Kraften til at tilpasse sig og klare alle slags situationer og erfaringer styrkes i ufattelig grad. På samme måde vil tænkningen og evnen til at træffe beslutninger og føre dem ud i livet blive bedre, når man formår at være upåvirket, selv om alle odds er imod en.

Et område, der særligt er værd at bemærke, er Ammas utrolige indre evne til at se upartisk på enhver situation og bevare en uanfægtet indstilling. De fleste mennesker tænker, at det ikke er sundt at være uanfægtet. De fleste mennesker, som lever et normalt liv, tænker, at tilknytninger er det, som gør det muligt at nyde livet, selvom det kun sjældent giver glæde. Omvendt er det Ammas subjektive evne til at hurtigt at skifte rolle og den hastighed og lethed, hvormed hun bevæger sig fra én rolle til den næste, som gør hendes personlighed så kraftfuld, tiltrækkende og inspirerende. I processen, hvor hun skifter rolle, glemmer Amma fuldstændig det foregående øjeblik, den rolle hun havde lige før, og forbliver fuldstændig fokuseret på den nuværende. Intet påvirker hendes rolige og fattede natur, når hun er sammen med medlemmerne af sin arbejdsgruppe og giver dem anvisninger. I hvilken som helst omstændighed oplever man ikke, at Amma ser situationen eller personen på en dømmende måde. Selv når hun er streng, påvirker denne bestemte følelse eller humør ikke hendes indre væsen, og hun går ud af det med fuldstændig lethed og dygtighed. Hendes beslutninger træffes hastigt, og når det kommer til at føre dem ud i livet, er hendes opfølgning grundig helt ind til kernen.

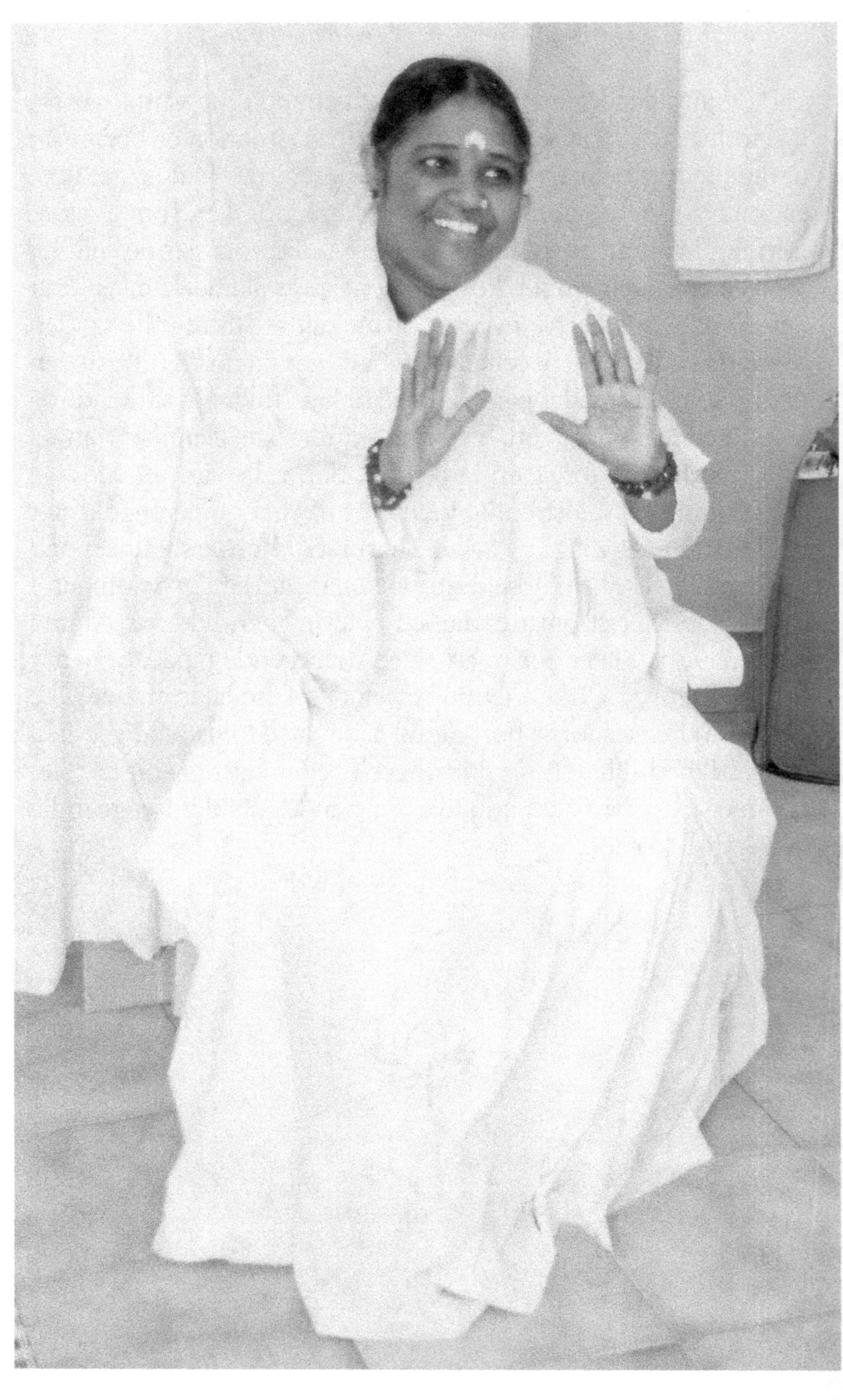

Kapitel 7

Nålen og saksen

I en artikel i *Mail Online* skriver Amanda Williams: "Store ledere er født sådan, de skabes ikke. Deres hjerner fungerer bare anderledes, fortæller videnskabsfolk."

Artiklen fortsætter: "Forskere, der har udført undersøgelser på et førende militærakademi, hævder, at debatten nu er afsluttet, om hvorvidt det er arv eller miljø, som skaber en leders storhed. De har fundet ud af, at de mest effektive ledere udgør en enestående art, der adskiller sig fra andre, og har hjerner, der fungerer anderledes end de flestes. Opdagelsen kan revolutionere måden, hvorpå organisationer vurderer og udvikler deres ledere. Ved at bruge hjernescanninger kan man identificere dem, som har "lederskabsgenet" på et meget tidligt tidspunkt og begynde at træne dem på en passende måde. Det ser ud til, at de mest succesrige har mere grå substans i de områder af hjernen, som kontrollerer hukommelsen og evnen til at træffe beslutninger, og at det giver dem et vitalt forspring, når det gælder om at handle på den rette måde. Nogle mennesker er virkelig fødte ledere. Disse mennesker, som befinder sig på toppen af lederskabets klokkeformede normalfordeling, er virkelig dygtige helt fra starten, og de er tilbøjelige til at blive endnu bedre, efterhånden som tiden går. Så findes der mennesker på bunden af kurven: de nederste 10-15 %, som uanset hvor hårdt de anstrenger sig, aldrig nogensinde bliver rigtig dygtige ledere. De har bare ikke den indbyggede kraft. Så findes der dem, der befinder sig i midten, hvor det største flertal af os hører til. Her findes det virkelige potentiale for den type ledere, som bliver "skabt" gennem anstrengelser. Mange af de mennesker, der afholder jobsamtaler, anser det ikke for at være muligt – men det er det faktisk: De fleste af de mennesker, som starter med en medium grad af iboende lederegenskaber, kan faktisk hen ad vejen blive meget gode, endda overordentligt gode ledere."

Intelligenskurven kan forklares som en bestemt type klokkeformet kurve, der følger en normalfordeling. Kurven antager form som en klokke, fordi området omkring midten har størst fylde sammenlignet med øverste og nederste del af kurven. Når man som professionel får karakterer for sine præstationer ved et kursus, siges det, at man på kurven kan se, hvordan de mennesker, som får de højeste karakterer, befinder sig længst ude i den positive ende og udgør en meget lille procentdel. Deres præstationer placeres i den øverste del af kurven. De, som får de næsthøjeste karakterer, vil være lidt hyppigere repræsenteret. Størstedelen, som får middelmådige karakterer, hører til inde i midten af kurven. Desværre er der også en mindre procentdel, som befinder sig i den uheldige situation, at de er nødt til at se smerten ved ikke at lykkes i øjnene. De hører til i den nederste del af kurven og får de laveste karakterer. Når det illustreres grafisk i et diagram, vil hele denne struktur antage en veldefineret klokkeform.

Midt i debatten om medfødt og tillært ledelse, vil det være uretfærdigt at glemme en tredje kategori, der er kendt som guddommelige ledere. Selv efter tusinder år er denne sjældne og helt fænomenale kategori af ledere husket, beundret og tilbedt af millioner af mennesker over hele verden. Det eminente ved denne gruppe ledere er ufatteligt. Det skyldes, at de virkelig har gjort indtryk på deres medmennesker og rørt dem i hjertet, og at deres kraft og indflydelse har sat markante spor i menneskeheden. Vi kan kun forundres over den inspirerende og transformerende form for nærvær, de udstråler, over deres ubeskrivelige arbejde, deres ubetingede kærlighed og deres store medfølelse med hele menneskeheden. De lever sig også ind i andres livsformer og den magnetiske kraft i deres ord og udstråling er uforlignelig. De værdsættes og huskes som helte, heltinder og fuldkomne rollemodeller inden for alle livets områder.

Der findes ingen paralleller til det kolossale antal mennesker, som følger de guddommelige ledere og er fans af dem. Ingen ledere af noget politisk parti, ingen berømtheder, ingen andre berømte personer i fortiden, nutiden eller fremtiden har et sådant følge af mennesker.

Amma siger: "Intellektet eller logikken er som en saks, og hjertet som en nål. Intellektet skærer alt i stykker, og hjertet syr alt sammen. Det er ikke tilstrækkeligt at skære stoffet til i den rette størrelse. Vi er også nødt til at sy de forskellige stykker stof sammen, så de bliver til det tøj, vi kan bruge og have på. Vi har både brug for intellektet og hjertet: Intellektet hjælper til at tænke, og hjertet hjælper til at ordne tankerne på en sammenhængende måde. Sammen vil intellekt og hjerte dække os ind og beskytte vores liv. Uden denne samhørighed vil vores liv være opdelt i enkelte stykker af helheden. De er brugbare, men også skadelige."

Fordi vi overvejende er logisk og analytisk indstillede, kan vi finde det vanskeligt at forstå en leder af Ammas kaliber. Vi glemmer sandheden, som er, at selve livets natur ikke er logisk. Det kan virke som om, at verden i øjeblikket befinder sig i det, der er kendt som "tusindbenets dilemma". Det følgende korte digt skildrer på en smuk måde menneskehedens tilstand:

Et tusindben var temmelig lykkeligt
indtil en tudse for sjov sagde:
"Hør, hvilket ben bevæger sig efter hvilket?"
Det fik hendes tvivl til at stige så højt,

at hun udmattet faldt ned i en grøft og ikke vidste,
hvordan hun skulle bære sig ad med at løbe.

Forfatteren til denne version af digtet er anonym. Men der findes en tilsvarende *Aesops fabel*, hvor tusindbenet er udskiftet med en hare. Den engelske psykolog George Humphrey (1889-1966), som refererer til digtet, fortæller: "Dette er et vers med en stor psykologisk betydning. Det indeholder en dyb sandhed, som er genkendelig i vores daglige liv."

Uanset, hvem man er, og hvad man gør, er det tåbeligt kun at lade intellektet og logikken om at styre, hvordan livet skal udfolde sig. Logikken har sin plads ligesom det, man ikke har kendskab til. Et intellektuelt orienteret menneske, som er stærkt inklineret til at analysere alting logisk, vil ikke være i stand til at hjælpe nogen, der befinder sig i den tragiske situation, der kendetegner tusindbenet i digtet. En dybere undersøgelse af dets betydning afslører, at menneskeheden også befinder sig i en tilsvarende fortvivlet situation. Den eneste forskel er, at man ikke har brug for at stille spørgsmålet til et andet menneske. Sindet vil helt af sig selv komme med sine egne bud på spørgsmål og svar, og efterhånden kan det på egen hånd skabe en hel monolog! Problemet er, at en stor del af tiden formår sindet ikke at stille de rette spørgsmål, og derfor vil de svar, man får, også være forkerte, hvilket igen forårsager, at man forhindres i at gøre fremskridt i sin udvikling.

Man har helt sikkert behov for nogle regler, som kan organisere det daglige liv på en overskuelig måde og sikre, at man bevarer en vis form for kontrol over de daglige aktiviteter. Men man skal også forstå, at selve livet ikke er helt til at regne ud på samme måde som et matematisk spørgsmål. Sindet har to dele: den ene er mekanisk og den anden naturlig. Med andre ord opfører den ene del sig som en maskine, og den anden del opfører sig spontant. Derfor er man nødt til at give livets logiske og mystiske aspekter lige stor betydning. Gør man ikke det, bliver resultatet, at alting fremstår velordnet udadtil, mens der indeni hersker en ubalance.

Når man gentager noget mange gange, bliver det naturligt omdannet til en rutine, og herefter indhylles handlingen i manglende opmærksomhed. Den bliver udført på en mekanisk måde. I virkeligheden kan de fleste mennesker godt lide at gøre ting på en mekanisk måde, fordi det i nogen grad mindsker den mentale byrde ved at tænke. Rutineopgaver som at børste tænder, tage bad og spise foregår i reglen mekanisk, og det samme gør sig gældende i en stor del af vores samtaler og såkaldte lytten. Det kan godt være, at den mekaniske del af sindet er påkrævet, når man skal udføre bestemte typer opgaver. Men man må ikke tillade denne del af sindet at tage føringen. Amma formulerer det således: ”I den moderne verden tillægges individet ikke den værdi, der burde være tilfældet. Kun færdigheder værdsættes. Mennesker får en lavere status, hvor de slet og ret fungerer som maskiner.” Som en kontrast hertil er den spontane del af sindet ren og krystalklar energi. Den er nærmere helheden. Når først man skaber en forbindelse til den del af sindet, vil den opføre sig som en ”frelser” i mange af livets vanskelige situationer. Det gælder ikke kun i det personlige liv og familielivet, men også i arbejdslivet.

Man må begynde i familien og herfra lade det sprede sig til arbejdslivet. Et af de vigtigste træk, som en god leder bør besidde, er evnen til at erkende det, der i alle situationer, befinder sig under overfladen. Med andre ord skal man udvikle et specielt talent, hvor man opmærksomt skifter fra den mekaniske til den spontane del af sindet, så snart det er påkrævet. Man kan sammenligne forskellen på den mekaniske og den spontane tilgang til styring med forskellen på at tvinge en blomsterknop til at åbne sig i stedet for at lade det ske på en naturlig måde. Amma siger: "Når man tvinger en blomsterknop til at åbne sig, vil dens skønhed og duft gå tabt. Man ødelægger blomsten. Når man omvendt tillader blomsten at folde sig ud på en naturlig måde, vil dens skønhed og duft vise sin fuldkommenhed."

Man kan kun lade livet udfolde sig ved at kombinere de logiske og mystiske sider af tilværelsen og lade dem fylde lige meget. Problemet opstår, når man bliver fanget i hovedet og glemmer at vende tilbage til sit hjerte. Løsningen er i stedet at blive dygtig til både at bruge hovedet og hjertet. De to sider kan sammenlignes med vores ben. Betragt dem som ligeværdige og undgå at hvile for meget på et af benene. Man kan blive forkrøblet, hvis man tænker: "Det højre ben er vigtigere end det venstre, eller vice versa." Når man ønsker at bruge sin logiske sans, skal man gøre det fuldt ud, og når man ønsker at bruge sit hjerte, skal man også gøre det med fuldt nærvær. På den måde kan man leve fra-øjeblik-til-øjeblik, leve i nuet.

I nutidens samfund er mange mennesker bange for at smile og komme med omsorgsfulde og kærlige tilkendegivelser over for andre. Det skyldes, at sindet gør alt op i penge. Det er en udbredt tankegang, at hvis man lytter til et andet menneskes problemer, smiler til dette menneske eller siger et trøstende ord, vil det ende med, at han beder om økonomisk hjælp.

Der findes mennesker, som er villige til at hjælpe andre, når det er påkrævet, men de fleste mennesker vil ikke spontant forsøge at hjælpe andre, som har det svært. En sand leder er en, som uden tøven føler med de trængende og gør en indsats for dem, og som handler ud fra kærlighed og medfølelse uden at betvivle det logiske i at gøre det.

Det følgende eksempel viser, hvordan Amma bruger sit hjerte i stedet for sin logik. Begivenheden fandt sted i 1989. Vi havde længe ønsket at bygge det første tempel på ejendommen. Det var en stor drøm, som nu omsider var ved at blive realiseret.

Lederne af et børnehjem i Kollam, Kerala, havde i årevis kæmpet for at sørge for de børn, der var blevet overladt i deres varetægt, men de var nået til grænsen af, hvad de magtede. De havde ikke flere økonomiske midler, og de stod overfor en nært forestående lukning, som ville indebære, at sætte forældreløse og andre ubemidlede børn ud på gaden. Mens de forberedte sig på at nedlægge børnehjemmet, var der en af dem, som foreslog, at de i det mindste gjorde ét sidste forsøg, inden de gik videre med den nærmest utænkelige nedlæggelse. Der var nogle mennesker, der rådede dem til at tage hen til Amma og fortælle om vanskelighederne.

De valgte så at tage hen til Amma og fortælle om den sørgelige situation. Da Amma hørte om vanskelighederne, gav hun med det samme besked om, at de penge, der var blevet doneret til at bygge det første tempel på centret – og som i virkeligheden ville være den første egentlige bygning – i stedet skulle bruges til at overtage ansvaret for børnehjemmet. Ved at handle på den måde, lagde hun fundamentet til en anden slags tempel – et tempel af medfølelse.

Det havde været let for Amma at tænke, at templet var vigtigere end at overtage et børnehjem med store gældsposter. Desuden er de fleste mennesker i Indien meget knyttede til templer. Så hvis man donerer penge til at opføre et tempel, ønsker man at se, at pengene kun anvendes til det formål. Hvis Ammas beslutning var truffet på en logisk og beregnende måde, kunne hun have retfærdiggjort opførslen af templet, fordi der var gået lang tid, uden at det var blevet opført, og fordi pengene, som var blevet doneret, var øremærkede til dette projekt. I stedet traf hun en beslutning ud fra sit hjerte, som spontant fik hende til at overføre pengene fra templet til børnehjemmet.

I dag findes børnehjemmet stadig, men det er uigenkendeligt sammenlignet med, hvordan det fungerede, før Amma overtog ansvaret for bygningerne, de omgivende arealer og børnene. Da Ammas frivillige ankom på stedet, var børnene forsømte og underernærede, og bygningerne var faldefærdige, fordi den foregående administrator havde haft alvorlige økonomiske problemer. Man hørte endda historier om, at nogle af børnene opførte sig meget dårligt, f.eks. var nogle af dem kendt for at stjæle, fordi de var underlagt antisociale elementer uden for børnehjemmet, der brugte børnene til at opfylde egne egoistiske ønsker.

Nu er børnene derimod blevet i stand til at gå i skole, og de kan lege på et trygt og sikkert fællesareal. Institutionen er nu en af de skoler, som udmærker sig i offentlige konkurrencer, hvor børnene klarer sig overordentlig godt inden for musik, sport og dans såvel som inden for de akademiske områder. I de lokale og statslige konkurrencer vinder børnene ofte førstepræmien. Ammas organisation sørger også for, at børnene følger stærke traditioner for at opdyrke og værne om de værdier, der hører til hjertet og evnen til at vise medfølelse. Over 35 % af børnene tager efter den afsluttende eksamen en højere uddannelse, som er sponsoreret af vores NGO.

Booker T. Washington siger: "Succes I livet opstår, når man fokuserer opmærksomheden på de små ting i stedet for de store ting. Man skal fokusere på de ting i hverdagen, som foregår lige i nærheden, i stedet for at fokusere på de ting, som er fjerne og ualmindelige."

Der findes en smuk historie om Rudyard Kipling, den berømte engelske forfatter og digter, som er kendt for sine noveller og romaner. Han købte en gang en bondegård på en stor grund ude på landet et sted, hvor der var mange bakker. Sammen med sin kone plejede han at tilbringe sine ferier på stedet og på den måde trække sig lidt tilbage fra det travle liv i byen. Da ægteparret en dag var ude at gå morgentur, mødte de en meget gammel kvinde, som var krumbøjet og mærket af alderen, og som haltede af sted ved at støtte sig til en stok. Hun glædede sig over den friske luft og nød lyset fra morgensolen. Da den gamle dame fik øje på Kipling og hans kone spurgte hun: "Er det jer, som har købt bondegården på bakketoppen?"

Kipling løftede høfligt sin hat og svarede: "Ja, frue."

"Er I deroppe nu?" spurgte damen igen med dirrende stemme.

Denne gang svarede fru Kipling: "Ja, bedstemor."

"Så må det være jeres vindue, som er så klart oplyst om natten," sagde kvinden.

"Åh ja, det er det!"

"Mange tak. Åh tak!" udbrød den gamle dame. "I ved ikke – I kan slet ikke forestille jer – hvor stor en trøst de oplyste vinduer er for mig. Som I kan se, er jeg gammel og ensom." Hun fortsatte: "Men når jeg får øje på lyset i vinduerne, får det mig til at føle mig glad og munter."

"Det er jeg så glad for at høre," sagde Hr. Kipling med varme i stemmen. "Du får os til at føle, at vi er ønskede og velkomne her i nabolaget."

"Jeg håber virkelig, at I vil blive her længe," svarede kvinden ængsteligt. "Og jeg håber, at I ofte vil komme og være her."

"Det håber vi også, frue," svarede Kipling.

"Åh, det er godt," sagde kvinden med glæde. "Lad endelig lysene stå tændt – det betyder meget for mig!"

"Det skal vi nok love," svarede den anerkendte forfatter.

Et par dage senere rejste det omsorgsfulde ægtepar tilbage til byen, da deres korte ferie var forbi. De bad bestyreren af ejendommen om at trække gardinerne fra vinduerne og lade lyset stå tændt hele natten, hver nat.

Amma siger: "Små kærlige handlinger, et kærligt ord, en lille medfølende handling - alt dette skaber en forandring i dig selv og andre." Så man skal begynde med små handlinger, der viser kærlighed og godhed.

Chanakya, professor i økonomi og samfundsvidenskab ved det antikke Takshshila Universitet, er forfatter til det antikke indiske værk *Arthasastra* (Økonomi), der handler om politik. Han siger: "Duften fra en blomst vil kun sprede sig i den samme retning, som vinden blæser. Men et menneskes godhed vil sprede sig i alle retninger."

Kapitel 8

At strømme som en flod

Når nogen spørger Amma, om de mange mennesker, som konstant myldrer rundt omkring hende, er disciple og folk, der følger hende, svarer hun: "Der findes kun mor og børn her, ingen guru, ej heller disciple." Forholdet mellem mor og barn er den eneste gensidige kærlighed. Den er som en cirkel. Den bliver ved og ved og fortsætter uophørligt med at strømme og skabe forbindelse.

At skabe en personlig forbindelse til mennesker og røre dem i hjertet, er en af hemmelighederne bag Ammas succes. Hvad angår menneskelige relationer er forholdet mellem mor og barn et af de mest nære og kraftfulde bånd, der findes. Den kærlighed, frihed, ydmyghed og enhed, man kan opleve sammen med sin mor, bidrager til at skabe et af de mest spontane og naturlige forhold, man kan forestille sig.

Amma sammenligner ofte sig selv med floden og dens strømmen. Hun siger: "Jeg er som floden. Nogle mennesker bader i den. Andre vasker deres tøj i den. Der findes også mennesker, som spytter ned i den. Men floden accepterer alle, og den forkaster ingen. Den bliver ved med at strømme."

Lad os forestille os, at man anerkender den hjælp, man har fået af en babysitter eller en ung pige i huset. Hun vil være taknemmelig og tage imod den. Men hvis det er en mor, som bliver anerkendt, og som virkelig oplever storheden i moderskabet som en dyrebar gave, Gud har givet hende, vil reaktionen være anderledes. Hun vil sige: "Jeg har ikke gjort nok for mit barn. Der er stadig mange ting, jeg kan gøre for min baby." Dybt i sit hjerte længes en mor efter hele tiden at gøre mere og mere for sit barn. Men hvis hun bryster sig af den kærlighed og opmærksomhed, hun har givet sit barn, og hvis hun fortæller om de ofre, hun har udholdt under opvæksten, svarer hendes indstilling til den, man ser hos en pige i huset eller en babysitter, som har forventninger om at modtage anerkendelse for sit arbejde. Sagt med andre ord kan der sættes en pris på omsorg og omtanke, men en mor har ingen forventninger til, at man gør det, fordi hun altid tænker over, hvor meget ekstra, hun vil være i stand til at gøre for sine børn.

Amma fortæller historien om en lille pige, som blev indlagt på hospitalet. Den dag hun skulle udskrives, fortalte hun sin far: "Sygeplejerskerne var så kærlige og omsorgsfulde, og det var sygehjælperne også. Nogle gange føltes det, som om de elskede mig mere end dig og mor." Så overrakte personalet regningen til pigens far. Den lille pige spurgte nysgerrigt: "Hvad er det?" Hendes far svarede: "Det er regningen, der viser prisen for al den kærlighed, de har givet dig."

Om Saha Nau-Avatu
Saha Nau Bhunaktu
Saha Viriyam Karava-Avahai
Tejasvi Nau-Adhii-Tam-Astu Maa Vidviss-Aavahai
Om Shaantihi Shaantihi Shaantihi

Det er et populært mantra om fred, som kommer fra Upanishaderne. Det betyder:

Må Gud beskytte os begge (læreren og den studerende).
Må Gud nære os begge.
Må vi samarbejde med energi og styrke.
Må vores studier være oplyste og ikke give anledning til fjendtlighed.
Guds fred, fred, fred.

Dette mantra chantes[4] normalt før begyndelsen af en religiøs tale, eller inden man underviser i skrifterne. Essensen af mantraet, som er enhed og ydmyghed, har altid været dybt indbygget i *gurukula*-systemet i det antikke Indien. Selvom systemet ikke længere er fremherskende i dag, eksisterer det stadig i nogle dele af landet i en form, der er meget anderledes end tidligere.

I det antikke Indien befandt de fleste gurukulaer sig i fredfyldte og afsondrede omgivelser, der var rige på naturlige resurser. Mange af den tids lærere og mestre var husholdere, som var udrustet med en høj grad af bevidsthed og menneskelig modenhed. Deres visdom og medfølelse var grænseløs. De var kolossalt erfarne og havde stor viden inden for hver eneste gren af videnskaben og filosofien. Men selvom mestrene var forankrede i fuldkommenhed og tilfredshed, havde de intet ego. Derfor er ordet "Begge" i bønnen meget betydningsfuldt. Selvom de tidligere tiders mestre hverken havde noget at miste eller opnå forblev de ydmyge, og de fik disciplene til at føle sig helt afslappede og hjemme. Den atmosfære, som var fremherskende, og det budskab, de omsatte til praksis i hverdagen, var følgende: "Der findes ingen forskelle mellem os. Jeg er ikke overlegen. Vi er en, og vi er lige i Guds øjne." Dette enkle og dog dybe budskab om "ydmyghed og enhed" hjalp de studerende til at udvikle et følelsesmæssigt bånd til mesteren. Båndet satte den studerende i stand til at forblive helt åben over for mesteren og lytte til hans ord med åbent sind og hjerte. På denne måde underviste læreren, og eleverne tog ved lære uden at bruge bærbar computer, iPad/tablet, mobiltelefon endsige tekstbøger og notesbøger. Der foregik en kommunikation fra-hjerte-til-hjerte, fra lærerens hjerte til elevens hjerte. Den mest kraftfulde måde at undervise på var gennem eksemplet. Med ydmyghed og kærlighed som

[4] At recitere bønner og guddommelige navne med hengivenhed.

ledestjerne, med hoved og hjerte hånd-i-hånd, arbejdede lærer og elev sammen med en dyb følelse af enhed.

> *"Jeg har tre dyrebare ting, som jeg holder fast i og værdsætter. Den første er venlighed, den anden er gavmildhed, den tredje er ydmyghed, som afholder mig fra at sætte mig selv før andre. Ved at være venlig, kan man blive modig, ved at være gavmild, vil man blive rummelig, og ved at undgå at sætte sig selv først, kan man blive en leder blandt mænd."*
>
> – Lao Tsu

Uanset om man leder en familie, en organisation eller et land, kan man godt have en omsorgsfuld indstilling, en ydmyg tilgang og en tilbøjelighed til at ofre egne personlige interesser og bekvemmeligheder for andres skyld (og derved virkelig sætte andres behov før sine egne). Disse træk vil gøre, at man bliver et menneske uden lige. Så vil man virkelig blive husket, tilbedt og elsket som en, der ikke bare kan blive skiftet ud. Ens navn og handlinger vil altid blive stående i eftertiden og være en ledestjerne for menneskeheden.

Ifølge den antikke indiske tradition skulle kongen anse sine undersåtter som medlemmer af hans egen familie og landet som sit eget hjem. Dette antikke koncept er ikke længere muligt at praktisere, fordi den mentale og fysiske atmosfære er blevet mere forurenet i nyere tid. Selvom det ikke skal forstås i helt bogstavelig forstand, bør en CEO eller leder også anse sine ansatte for at være en udvidet familie. Det handler om at tilføre en personlig relation og menneskelig ånd i kontakten til de ansatte.

På et tidspunkt under Ammas USA-tour 2013 var Amma i Washington DC. Her spurgte journalisten, Laurie Singh, hende: "Nu hvor du i dag besøger Capitol, har du så et budskab til præsident Obama og hans familie?" Ammas svar var ikke kun et budskab til den amerikanske præsident Barack Obama, men til alle dem, som har ledelsespositioner rundt omkring i verden: "Præsidenten tilhører indbyggerne i landet, han tilhører dem alle, og hans familie er hele landet. Må han tjene dette land så godt, han formår at gøre det. Må han have den dybe indsigt og de rette evner, der sætter ham i stand til at anstrenge sig for at udføre sine pligter og passe på alle de mennesker, som findes i denne nation. Må han og hans familie altid være fredfyldte og lykkelige."

Dave Packard, som er medstifter af Hewlett-Parkard, var ophavsmand til begrebet "Management By Walking Around" (MBWA), som blev fremhævet i Tom Peters bog om at søge det excellente. Packard forklarede, hvorfor han troede, at det var virkningsfuldt, at lederen gik rundt på kontoret eller i bygningerne og interagerede med de ansatte. Teknikken hjælper ikke kun lederen til at få en fornemmelse for de ansattes hverdag. Denne tilgang får også medarbejderne til at opleve, at der er nogen, som viser dem omsorg, og at de er forbundet til ledelsen.

Når Amma er på tour, rejser hun rundt i og uden for Indien og besøger de forskellige afdelinger og centre.[5] Her spreder hun glæde alle vegne. Hun besøger køkkenet, byggeriet, trykkeriet, de velgørende hospitaler, staldene osv. Hver tirsdag serverer hun frokost til alle de fastboende og besøgende i hovedkvarteret i Kerala. Hun spiser sammen med dem, synger og danser sammen med dem og besvarer deres mange spørgsmål. Disse aktiviteter er en uadskillelig del af Ammas tour-aktiviteter og program. Den intime atmosfære, der vidner om personlig omsorg, er en kilde til kolossal støtte for dem, der følger hende. Den magiske effekt er, at motivationen og opmærksomheden stiger. Under Ammas tours i udlandet serverer hun personligt aftensmad til

---

[5] Amma rejser årligt på tour i Indien, Europa, USA, Australien og det sydøstlige Asien.

alle deltagere, som er meget begejstrede for, at Amma selv rækker dem tallerkenen.

Nogle gange kan hun pludseligt og uventet finde på at gå en tur rundt i hovedkvarteret eller i andre afdelinger, mens hun tjekker hver underafdeling og sikrer, at der er ordentligt og rent. For det meste finder inspektionen sted om aftenen, til tider et godt stykke efter midnat. Uanset hvilket tidspunkt på døgnet det foregår, kommer der straks beboere med hende rundt for at kigge. De kommer så snart, hun går ud af sit værelse.

Under en af disse Management By Walking Around-sessioner, kom Amma pludselig til at træde på et søm ude på byggepladsen. Hun holdt sømmet op i luften, så alle kunne se det tydeligt. Med alvorlig stemme sagde Amma: "Kan I se her. Er I ikke klar over, at der blandt de tusindvis af mennesker, som besøger stedet her, findes mange fattige arbejdere, som er helt og aldeles afhængige af deres dagsløn for at klare sig? Hvad vil der ske, hvis en af disse fattige arbejdere får et søm i foden? På grund af hans uvidenhed om, hvor alvorligt et sådant sår kan være, får han måske ikke behandlet det ordentligt. Som det eneste brødfødende medlem af familien kan han ikke tillade sig at blive hjemme og hvile, for konsekvensen er, at hans kone og børn vil sulte. Derfor er han tvunget til at gå på arbejde, uanset hvor stor smerten er. Det kan forværre sårets udvikling og hæmme helbredsprocessen. Der kan endda gå betændelse i såret, og manden vil i givet fald være nødt til at ligge i sengen i flere uger eller i værste fald månedsvis. Han har ikke råd til at købe mad og sikre sig andre basale fornødenheder, og hans familie lider under det. Det er det potentielle scenarie, ikke sandt? Har I nogensinde tænkt over det? Hver og en af os er ansvarlige, hvis en sådan skæbne overgår en af de besøgende. På grund af vores sløseri og manglende omsorg for andre, kan vi blive årsagen til hele familiens lidelse. Det er kun et lille søm, men det kan forvolde stor lidelse i et uheldigt menneskes liv. Lad mig understrege det her: Hvis en tilsvarende hændelse finder sted igen, vil jeg personligt tage ansvaret for at feje byggegrunden og fjerne affaldet. ”

Nogle gange går Amma ud for at finde sække med overskydende cement og brækkede mursten. Hun sætter sig med det samme ned og samler alle tingene. Så instruerer hun de fastboende i, hvordan de skal bruge de forskellige ting såsom at anvende små plader og dele af cementblokke til at udfylde og udligne niveauforskelle.

Når Amma besøger køkkenet eller området, hvor grøntsagerne bliver skåret ud, går hun først hen til de store affaldsspande. Hun inspicerer indholdet meget nøje og nogle gange stikker hun hænderne helt ned i affaldsspanden. Formålet er at sikre, at der ikke er noget mad, der går til spilde. Hvis hun finder grøntsagsstykker, hvor der stadig er meget spiseligt tilbage, kalder hun omgående dem, der snitter grøntsager, til samling. Mens hun viser dem de ting, hun fandt nede i affaldsspanden, forklarer Amma, hvordan man ved at spilde mad fratager eller endog stjæler mad fra andre, og at maden i virkeligheden tilhører en sultende familie. Så demonstrerer hun, hvordan grøntsagerne skal hakkes ordentligt.

Nogle mennesker har for vane at plukke et blad, plukke en blomst eller nippe en lille gren af en plante eller et træ, mens man går forbi eller står og taler med nogen. Når Amma går rundt om aftenen, vil hun hver gang med det samme standse op og give en reprimande, hvis hun opdager, at en person er i gang med det. Hun fortæller dem: ”Du forstår det ikke. De sover. Det er grusomt at vække dem. Prøv at forestille dig, hvordan det er, at nogen kommer og ryster energisk i dig, mens du sover dybt. Ville det ikke give dig et chok? Sådan er det også for planter og træer. Uden at være opmærksom er du også ved at skade planten, når du plukker dens blade til ingen nytte." Herefter insisterer Amma på, at personen giver planten en undskyldning.

Som leder har Amma en fuldkommen indsigt i, hvordan hun skal udøve sin autoritet uden at såre andre. Hun ved, hvor og hvornår hun skal være en pragtfuld lifecoach, og hun har fuldkommen timing med hensyn til, hvornår hun skal lytte, og hvornår hun skal sætte foden ned angående en beslutning. Hun ved også præcis, hvornår det er vigtigt at behandle ting med stilhed. Mens hun udøver sine ledelsesfærdigheder, dømmer Amma ikke nogen person eller situation. Derfor er der ikke noget, som påvirker hendes behagelige og muntre humør. Hun bruger emotionelle udtryk for at vise sine følelser, når hun er oprørt over noget, og der er øjeblikke, hvor hun taler med stærke ord, men det er kun masker, som hun kan tage af og på, og som hun kan bruge på hvilket som helst tidspunkt. Essensen i hendes natur er medfølelse og kærlighed. Renheden i hendes intentioner er uberørte. Ledelse handler ikke om at gå rundt med stolthed og vise sit ego, udstede ordrer og udøve autoritet. Det handler om at lære at være ydmyg. Ydmyghed er det første skridt på vejen til god ledelse.

Med inspiration fra Ammas eksempel har vi opnået zero-waste-målet i MAM- hovedkvarteret. "*Reduce, Reuse and Recycle* (på dansk: reducer, genbrug og genanvend) er Ammas motto.

I 2011 iværksatte Amma et initiativ kaldet *Amala Bharatam Campaign, Rent Indien Kampagne* (ABC). Målet var at skabe opmærksomhed om renlighed og naturbeskyttelse i den brede offentlighed. Programmet startede med et stort brag, og siden har en række frivillige med stor succes ført det videre. Den affaldsindsamling, som jeg beskriver nedenfor, er et klassisk eksempel på MBWA. I løbet af aftenen hjalp Amma folk til at se hende som involveret i arbejdet og en del af teamet.

Under en del af Ammas årlige Nordindien tour, besøgte hun i januar 2013 Kolkata (Calcutta). Der blev afholdt et to-dages program den 19.-20. januar. I løbet af begge dagene sad Amma uden ophør i over tolv timer og tilbød alle mennesker sine omfavnelser, der har fået ikonstatus. Midt i den session, der foregik den anden dag, fortalte Amma omkring kl. seks om aftenen, at vejen til det næste Center, hvor der skulle holdes program, skulle gøres ren, og at man på den måde skulle lancere ABC-kampagnen i Calcutta. Hun sendte frivillige ud for at inspicere det område, hvor der skulle gøres rent, og de hjalp med at skaffe det nødvendige udstyr til affaldsindsamlingen.

Da darshan-sessionen[6] var færdig kl. 11. om aftenen, rejste Amma sig fra scenen og gik ned gennem udgangen til Budge, Budge Trunk Road, som er den befærdede gade, der passerer foran centeret. Sammen med over 800 frivillige brugte Amma de næste tre timer på at rengøre 3 km af denne vejstrækning. Amma tog selv handsker og maske på og gik i gang med at gøre rent i det skidt, som havde samlet sig langs vejen gennem årene. Medhjælperne spredte sig langs vejkanten og samlede affald, som fandtes i alle former og størrelser og med alle forskellige slags lugte. Efter at Amma i hen over tre timer havde fjernet affald og skovlet og skrabet ting op fra fortovet, gik hun en tur hen ad den 3 km lange strækning, mens hun kiggede på de frivillige medhjælpere, der arbejdede hårdt, og anerkendte deres indsats. Mens hun var på vej tilbage til centret, kom en stor lastbil for at hente alle de affaldssække, der var blevet samlet ind.

Mange af de lokale beboere var i løbet af natten blevet vækket af latter og glæde fra flokken af fuldstændigt fremmede mennesker, som kom fra hele verden og var i gang med at gøre rent i deres nabolag. Mange af dem åbnede dørene og så med forbløffede

---

[6] Når Amma holder sine offentlige programmer, tilbyder hun sine omfavnelser til alle. Disse sessioner er også kendt som darshan.

ansigter til, mens denne uventede festlighed fandt sted udenfor i den kolde nat. De forbavsede politifolk, som kom for at assistere Amma, hjalp til med at dirigere den travle trafik på gaden. Da Amma og tourgruppen næste morgen tog af sted til Odisha (som var næste stop på touren), var vejen fuldkommen ren.

Siden denne begyndelse har Amala Bharatam - projektet afholdt store affaldsindsamlinger i hele Indien. Flere delstatsregeringer i Indien har støttet kampagnen og sponsoreret affaldsindsamlinger i deres delstater.

Avisen *Times of India,* som er et af Indiens førende engelske dagblade, beskrev begivenheden således: "Som led i lanceringen af ABC gik Amma sammen med hundredvis af disciple og hengivne i gang med at rengøre en strækning på 3 kilomenter af Budge Trunk Road i nærheden af Sarkarpool. Lanceringen fandt sted i de sene aftentimer den 19. januar, efter at Amma samme dag havde givet darshan til tusindvis af hengivne inde i ashrammen."

Som det forklares i Sanskritverset, der blev citeret i begyndelsen af kapitlet, findes der for Amma intet "jeg" og "du". Følelsen "Jeg er overlegen, du er underlegen" er fraværende her. Der eksisterer kun "os, vi, mor og barn."

I Bhagavad Gita står der: "Store mennesker ser med lige øjne på en lærd og ydmyg vismand, en ko, en elefant og selv en hund eller kasteløs."

Amma siger: "At lære er en proces, der ikke har nogen ende. Så vær altid som en begynder, hav samme indstilling som et barn. Ydmygheden vil sikre, at hjertet bliver fyldt, og at egoet mindskes."

Kapitel 9

Tilfredshed: den virkelige rigdom

Amma siger: "Når man kun fokuserer på handlingen og ikke på resultatet, vil man på en hel enkel måde begynde at føle sig tilfreds. I det øjeblik man ændrer sit fokus fra handlingen til resultatet, vil glæden og tilfredsheden derimod vige pladsen til fordel for angst og frygt. At være tilfreds indebærer, at man er centreret".

Jeg er ikke imod penge og rigdom og det livssyn, jeg har opbygget ved at følge Amma, står heller ikke i modsætning til rigdom. Men der er et iboende problem, som altid har været forbundet med at besidde meget stor rigdom. Det er udfordrende at finde ud af, om det er en selv eller ens penge, andre eftertragter, og om man modtager en kærlighed, der er rettet mod en selv eller ens penge! Man vil aldrig få et helt klart svar. Penge er uden tvivl et middel til at opnå ting, men man må reflektere over, om de også skal være et mål i sig selv. Det er interessant, at et lykkeligt menneske, der får en stor mængde penge, formentlig bliver endnu lykkeligere. Omvendt kan et menneske, som er rigt og ulykkeligt blive endnu mere forpint til trods for sin overflod.

De spirituelle mestre priste *tripti,* der betyder tilfredshed. Tidligere tiders vismænd understregede betydningen af tilfredshed i forhold til den rigdom, man besidder. De anså tripti for at være en dyd i forhold til besiddelsen af rigdom, men ikke i forhold til at opnå den eller præstere. "Gå ud og skaf indtægter," sagde de, "men byg ikke tilfredsheden på rigdommen. Bliv ikke vildledt og tro ikke, at rigdom og glæde er forbundet med hinanden." Men der var uvidende mennesker, som misforstod budskabet, og troede, at det betød, at man ikke skulle arbejde og anstrenge sig hårdt for at opnå noget her i livet. Ingen af de spirituelle mestre ønskede, at budskabet skulle fortolkes på den måde.

Således har man skabt en falsk forbindelse mellem penge og glæde. Man tror, at man vil blive glad, hvis man har penge, hvorimod det vil indbefatte et tab af glæde, hvis man ingen penge har. Det er i virkeligheden en forkert overbevisning, som er skabt af vores sind, og det vil sige af egoet.

Man opnår tilfredshed ved at anerkende det, man har, og ved ikke at have behov for noget, man ikke har. Når man først har brudt den forkerte forbindelse mellem penge og glæde, indser man, at lykken ikke er påvirket af, om ens årlige indkomst er 30.000, 100.000 eller 1.000.000 dollars. I virkeligheden vil denne indstilling sætte en forretningsmand i stand til at give et bidrag til nationens vækst. Når han har opnået det, som han selv og familien har brug for, kan han bruge resten af pengene til sit land og donere til fattige mennesker, til uddannelse, til at få bygget huse til hjemløse, til nødhjælp osv.

Derfor skal man finde ud af, hvad man selv har behov for, og herefter skal man være filantropisk og se længere end på sin egen familie, så man også tager vare på verdens familie. Man skal ikke kun forbedre det hjem, hvor ens børn vokser op. Man skal også forbedre den verden, de skal leve i.

For nylig mødte jeg R.N. Ravi, som tidligere har været embedsmand i IPS (Indian Police Service) og netop var gået på pension, efter at han i mange år havde haft stillingen som specialdirektør i den indiske efterretningstjeneste. I øjeblikket rådgiver han indenrigsministeren. Denne meget venlige og respekterede herre og hans kone havde adopteret to børn fra Delhis gader og opdraget dem sammen med deres egne tre børn. Da han fortalte mig om sit liv, sagde han: "Jeg gør den slags ting, fordi det virkelig gør mig glad. Det hjælper mig til at åbne mit hjerte. Jeg føler mig tilfreds. Jeg tror på skæbne og karma, men jeg tror endnu mere på Guds nåde. Gennem hele mit liv har jeg altid ladet Gud vise mig den rette vej og de rette handlinger. Han bruger os kun som instrumenter."

Ravi fortalte om en smuk hændelse, som fandt sted, mens han arbejdede som leder for en afdeling af politiet i et af Keralas distrikter. Han havde bedt sine underordnede om at opstille kasser i de forskellige dele af byen til at modtage klager. Ravi forklarede: "Hvem som helst skal kunne lægge et brev, en klage eller et forslag ned i kassen, og det kunne være med eller uden underskrift. Hver aften plejede nogle af mine medarbejdere at komme med de beskeder, der var blevet lagt i kasserne, så jeg kunne danne mig et indtryk af, hvad vi skulle gøre ved det. Det hjalp os til at give folk en bedre service, hvor vi nåede ud til dem i stedet for at vente på, at de opsøgte politiet. For det var ikke altid en særlig behagelig oplevelse for dem at nå dertil, hvor de var nødt til at opsøge politiet. Jeg tænkte, at mit arbejde var en guddommelig kommission, hvis formål var at afhjælpe andre menneskers lidelse så meget som muligt. Ved hjælp af dette eksperiment blev det muligt at mindske kriminalitetsraten i drastisk grad."

En gang modtog jeg en lap papir fra en lille dreng, som havde lagt den ned i kassen: "Politionkel, hver dag sidder jeg i vejkanten og venter på skolebussen. Overfladen af vejen smelter i solen og sidder fast på mine sko. Kan politionkel gøre noget ved det?" Strengt taget var den slags opgaver ikke en del af hans arbejde. Det havde været let for ham at se bort fra drengens forespørgsel og komme med en dårlig undskyldning. Men i stedet havde han omgående ringet til vej og park afdelingen og bedt dem om at reparere denne del af vejen, hvilket de gjorde.

Ravi fortsatte: "Ved en anden lejlighed modtog jeg et brev fra en ældre kvinde, som boede på det lokale plejehjem. Indholdet i brevet var følgende: "Søn, der er flere af os, som er meget gamle og syge og bor på et plejehjem, hvor der kun er én ventilator, som vi alle sammen bruger. Nu er den gået i stykker og har ikke fungeret i flere uger, men der er ingen, der tager hånd om problemet og reparerer eller erstatter den: "Vil du være sød at hjælpe os?"

Her var der endnu en gang tale om et spørgsmål, der ikke lå inden for hans ansvarsområde. Det havde været let for ham at smide brevet ud og glemme det, som de fleste ville være tilbøjelige til at gøre. Men det gjorde denne mand ikke. Han købte en ny ventilator og tog hen til plejehjemmet sammen med en elektriker for at hjælpe beboerne. Alle på stedet var utrolig glade og taknemmelige for hans hjælp og især den beboer, der havde skrevet brevet til ham.

Politimanden sagde: "Jeg har stadig alle brevene og alle oplevelserne, og jeg bevarer dem i en skattekiste inde i mit hjerte og reflekterer ofte over dem. Disse erfaringer minder mig om, at jeg har en pligt over for samfundet på samme måde, som jeg har en pligt over for min egen familie. Min pligt handler ikke kun om mit arbejde som politimand, men også om at være et menneske, der er blevet sendt hertil af Gud for at hjælpe andre ved at bruge de evner, jeg har. Jeg er *Hans* budbringer, Guds udsendte. Den indsigt giver mig en utrolig stærk følelse af glæde og tilfredshed." I virkeligheden er hver eneste af os en budbringer for Gud. Hans historie vidner om, at han er en intelligent politimand, som bruger hjertet og ikke kun fornuften i sit arbejde.

"Hvem som helst, der har fået en mission betroet, er en engel." Det skrev Maimonides, som var en jødisk filosof, astronom, fysiker og desuden blandt de mest fremgangsrige og indflydelsesrige lærde inden for Torah.

Det er forkert at tro, at kurven af nydelse vil dykke, når man byder tilfredsheden velkommen som en værdi i sit daglige liv. Misforståelsen er skabt af grådighed. Her er det vigtigt at huske én ting. Den antikke videnskab om spiritualitet var aldrig livsfornægtende, men snarere livsbekræftende. Igennem hele menneskehedens historie har der været tyranner (autokrater), som forsvarede denne anti-tilfredshedsfilosofi og endda påtvang deres underordnede den samme idé, især de intellektuelt svagere stillede i samfundet. Men i virkeligheden har der hverken i østen eller vesten været nogen ægte spirituel mester, som har haft den tilgang til livet. De bød livet og alle dets varierende oplevelser velkommen. Forskellen er, at de ikke kun accepterede glæde, succes og ære, men også sorg, fiasko og vanære. De forbandede ikke andre eller naturen, når de gennemgik sådanne oplevelser, men de bar frygtløst ansvaret for situationerne og sagde smilende "ja" til dem. Kort sagt værdsatte de ydre og indre rigdom i lige høj grad. De anerkendte den ydre rigdom og den glæde, den gav, men de værdsatte også tilfredshedens indre rigdom i samme udstrækning. Det skabte en fuldkommen balance i deres liv. For dem var nydelsen det vigtigste.

I et af de indiske skrifter, *Taittiriya Upanisad,* findes en grafisk beskrivelse af ydre rigdom og tilfredshed, som indeholder ti trin. Man kan forestille sig, at et menneske bevæger sig fra trin et til trin to i processen med at erhverve sig rigdom. Ligeledes vil et andet menneske bevæge sig fra trin et til trin to inden for niveauet af tilfredshed. Hvis man kunne måle niveauet af lykke, som hver af disse personer oplevede, ville den person, som var blevet mere tilfreds, opleve hundrede gange mere lykke end den første person, som havde erhvervet rigdom. Til trods for at han ikke havde opnået en masse moderne ting og sager, ville han være meget mere tilfreds og glad end et rigt menneske, som ikke følte sig tilfreds.

Virkelig tilfredshed er resultatet af den ubetingede hjælp, man giver trængende mennesker. At hjælpe andre giver glæde, for når man tjener nogen uden at forvente noget tilbage, bliver man mere rummelig. Ens niveau af bevidsthed vil stige. Når man uselvisk hjælper nogen, identificerer man sig bevidst eller ubevidst med det andet menneskes glæder og sorger. I den proces ser man i virkeligheden sig selv i det andet menneske. Andre bliver en forlængelse af én selv og følelsen af forskel forsvinder.

Der findes en populær TV-serie i USA, som er et godt eksempel på, hvordan man kan se sig selv i et andet menneske, når man hjælper andre. Nogle af USA's mest succesrige millionærer, som selv har opbygget deres formue fra bunden af, har begivet sig ud på en helt utrolig rejse. Hver af dem har tilbragt en uge i et af landets fattigste områder, og ved slutningen af opholdet har de brugt noget af deres formue til at belønne nogle af samfundets ubemærkede helte med hundredetusind dollars. Hvert afsnit af *Hemmelig millionær* følger opskriften på den engelske seersucces med samme titel, og handlingens kerne er, at der hver gang er en af USA's mest succesrige forretningsfolk, som forlader sit hjem og alle dets bekvemmeligheder. Millionæren skjuler sin sande identitet og bor i nogle af landets fattigste områder.

Mens de bor i lokale boliger og lever på minimale overførselsindkomster, søger disse "hemmelige millionærer," at finde nogle mennesker i lokalsamfundet, som især har gjort sig fortjent til anerkendelse. De forsøger at opdage nogle uselviske individer, som hele tiden ofrer alt for at hjælpe andre, der har det svært, og som derved sætter et eksempel, der ultimativt set opfordrer andre til at gøre det samme.

Amos Winbush III var en af dem, der prøvede at leve en uges tid uden sit sædvanlige tøj og kreditkort. Han overlevede lige på fattigdomsgrænsen i New Orleans i den uge, hvor han deltog i *Hemmelig millionær.* Til trods for at han havde opbygget en meget stor og indbringende virksomhed helt fra grunden, var det at leve for 30,50 amerikanske dollars om ugen, mens han deltog i *Hemmelig Millionær,* en af de hårdeste ting, han nogensinde havde prøvet. "Jeg gik ind til købmanden for at handle den første dag, og bagefter brød jeg helt sammen," fortalte CEO'en for CyberSynchs, som er et teknologifirma i New York, hvis værdi er på over 196 millioner dollars.

"Jeg købte brød, mælk og müsli og indså, at regningen løb op omkring noget, der svarede til 60 dollars. Jeg var nødt til at lægge nogle af varerne tilbage," fortalte Winbush. "Det var en stor øjenåbner. Mit liv var kun sådan i én uge, men det er sådan mange mennesker lever deres liv hver dag."

Han fortalte, at oplevelsen med at prøve et andet slags liv i New Orleans havde forandret ham. "Jeg var meget opslugt af mig selv. Når man starter en virksomhed, er man meget fokuseret på at få den til at vokse. Man ser ikke nødvendigvis på andre mennesker, der er rundt omkring og spørger ikke: "Hvordan er deres liv?" Det forandrede sig. Jeg var blevet et helt nyt menneske, da jeg kom tilbage til mine sædvanlige omgivelser i byen."

Det giver millionærerne nogle stærke livserfaringer at møde fattigdommen og stå ansigt-til-ansigt med nogle virkelig enestående mennesker, som ofrer deres egne ønsker for andres skyld. Ved slutningen af deres rejse afslører de deres sande identitet og donerer nogle af deres penge til de lokale helte. Det er øjeblikke, der forandrer deres eget og andres liv.

For nylig mødte jeg en gruppe kvinder, som fortalte mig en inspirerende historie om nogle aktiviteter, som de har iværksat. Deres familier hører til i den lavere del af den indiske middelklasse. De er en del af *Amritakudumbam*, som er en af grenene inden for Ammas spirituelle aktiviteter. Navnet vidner om, at hver Amritakudumbam består af adskillige familier, som samles for at lave spirituel praksis og tjene samfundet. Fordi de kommer fra fattige familier, arbejder disse kvinder hele dagen meget hårdt for at få hverdagen til at hænge økonomisk sammen. De fortalte mig en historie, som fik tårerne frem i mine øjne. Hver dag opsparer de en lille mængde af deres ugentlig løn, og en gang hver anden uge køber de ris og grøntsager for pengene. De tilbereder maden og tager den med hen til et hjem for fattige forældreløse børn, som ligger lige i nærheden. Deres niveau af bevidsthed og indre tilfredshed er på adskillige måder højere end hvad man ser blandt de rigeste mennesker i verden. Disse kvinder fulgte Ammas lære: "At ofre det man kan til samfundet." Deres kærlighed til Gud løftede deres bevidsthed, og det forandrede samtidig deres ydre omstændigheder.

Når man baserer sin glæde på rigdom og dominans, og når man ønsker at blive den næste Bill Gates, vil man ikke kun selv blive stresset. Man vil også selv ende med at være stress. Man vil aldrig få fred. Uanset hvor rig, man bliver, vil ens liv være et helvede. Det vil være fyldt af frygt. Hvis man bygger sin glæde på aktiemarkedet, vil man overlade sin glæde og fred til markedets nåde. Og alle ved, hvordan det går med markedet – op og ned, op og ned, op og ned. Man kan forestille sig den psykiske tilstand, der kendetegner et menneske, hvis glæde afhænger af et sådant marked. Han vil blive sindssyg. Når markedet går godt, vil han danse af glæde. Når markedet bryder sammen, vil han springe ud af vinduet. Hvorfor? Fordi han byggede sin glæde på noget, som svinger nådesløst op og ned.

Alle ved, at verden er kendetegnet ved at være ustabil og uforudsigelig. Det gælder uanset om det er familielivet, forretningslivet eller kærlighedslivet. Tilfredsheden kommer fra den indre kraft, man besidder – kraften til at tænke og føle ting på en positiv måde. Og her kommer spiritualiteten ind i menneskets liv. Den kan hjælpe mennesket til at forblive centreret og afbalanceret og gøre det muligt, at man – uden frygt – kan spille sin rolle i den ustabile og uforudsigelige verden.

"Der findes ingen bodsøvelser, som er lig et afbalanceret sind, og der findes ingen glæde, som er lig tilfredshed. Der findes ingen sygdom, der svarer til grådighed, og ingen dyd, der svarer til barmhjertighed."

Chanakya

Kapitel 10

Sorgens skjulte styrke

Når en virksomhedskultur ikke bygger på hjertets værdier, kan det resultere i splittelse og konflikter mellem de ansatte. Konflikter på arbejdspladsen er almindelige i næsten alle organisationer. Det er uundgåeligt, at der vil være uenigheder og forskellige synspunkter, når virksomheder samler mennesker fra forskellige kulturer, baggrunde og nationaliteter, og når de ansatte taler forskellige sprog. Forskelle, der udspringer af uddannelse, intelligens, religion og dybt rodfæstede følelser bidrager også til intensiteten i disse konflikter.

Ved en tale, som Amma holdt ved UNAOC-mødet i Shanghai, sagde hun: "Uanset hvilket land, der er tale om, kan der kun skabes harmoni og enhed i samfundet, når kultur og modernisering går hånd i hånd. Ellers vil den gensidige tillid blive ødelagt. Formår man ikke at skabe harmoni og balance mellem kulturen og moderniseringen, vil der opstå mange forskellige grupperinger i samfundet, som efterhånden vil begynde at kæmpe for deres rettigheder på forskellige måder. Det vil skabe befolkningsgrupper, som hader hinanden og forbliver som isolerede øer uden forbindelse til hinanden. Hvis et samfund med forskellige traditioner skal forblive fredfyldt og succesrigt, skal befolkningen forsøge at vokse og udvikle sig og samtidig anerkende, at traditionerne er blevet overleveret gennem generationer. Historien har vist os, at innovation uden respekt for traditioner kun vil bringe umiddelbar tilfredshed og kortsigtet fremgang."

Hvordan løser man denne slags konflikter? "Lad de kæmpende parter selv løse konflikterne," er første trin. Men når tingene er ved at nå ud til grænsen af, hvad man kan kontrollere, er lederen nødt til at træde til. Hvis sagen ikke bliver behandlet på en intelligent, omsorgsfuld, høflig og diplomatisk måde, kan den slags vanskelige situationer sprede sig til andre områder af organisationen og påvirke miljøet på arbejdspladsen og arbejdsgruppens produktivitet. Det kan også underminere moralen blandt de ansatte.

Hvis konflikten trækker ud, fordi man ikke finder en hurtig løsning, vil nogle af de mest erfarne ansatte måske sige op. Ingen ønsker at arbejde i et ekstremt stresset eller fjendtligt miljø. At være omhyggelig og systematisk i sit arbejde er én ting, men at forberede sig på psykisk udfordrende situationer hver dag er noget helt andet. Når et menneske ikke er blevet psykisk trænet og udrustet til at klare dette pres, vil det at overleve på arbejdspladsen blive meget energidrænende.

Jeg har rejst rundt i hele verden sammen med Amma i løbet af de sidste 34 år. En del af min seva (arbejde) er at sidde ved siden af Ammas stol og oversætte folks spørgsmål, når de står i den kø, hvor de kan stille hende spørgsmål, og nogle gange også, når de står i en anden kø for at modtage hendes omfavnelse. Jeg har set, hvordan folk helt spontant åbner sig og fortæller det, de har på hjerte til Amma, mens hun omfavner dem. Amma lytter tålmodigt til deres personlige, professionelle, fysiske, følelsesmæssige og spirituelle problemer og anbefaler løsninger, der egner sig til den enkelte. Nogle gange er det virkelig chokerende og endda næsten deprimerende at opleve, at der findes mennesker, som indeni bærer en utrolig stor mængde sorg og nedtrykthed. Men jeg oplever også, at folk forandrer sig og bliver bedre til at acceptere ting. Jeg har set, hvordan deres glæde får en ny dimension, efter de har fortalt Amma om deres problemer.

Et af de største problemer, folk kommer og tager op med Amma, er de indre og ydre konflikter, som finder sted på deres arbejdspladser, og den kolossale psykiske anstrengelse, følelsesmæssige stress og fysiske udmattelse, som disse konflikter forårsager. De fleste fortæller: "Når jeg kommer hjem om aftenen, er jeg fuldstændig drænet for energi eller entusiasme." "Lige i seng" er den rutine, som mange af dem følger.

Problemerne på arbejdspladsen begynder allerede tidligt om morgenen, når folk er på vej til arbejdet efter at have varetaget pligterne i familien. De fortsætter hele dagen igennem, hvor der er frustrationer over arbejdsgangene på arbejdspladsen, favoriseringen af chefens yndling, en inkompetent leder osv. Listen er lang. Hvis der ikke tages vare på situationen, kan den indre konflikt hurtigt vise sig udadtil i de sociale samspil på arbejdsstedet. Forskellige slags konflikter påvirker resultatet af arbejdet og kan hurtigt sprede sig til resten af virksomheden og i værste fald udvikle sig til strejker, boykotter, lukninger og så videre. Den afgørende løsning på problemet består i, at lederen formår at forstå situationen og samtidig evner at trænge til bunds i problemerne og løse dem.

Der findes ting, man ikke kan se med de ydre øjne. Efterhånden som man modnes og bliver mere erfaren som leder, skal man stræbe efter at udvikle et intuitivt øje. Med det øje kan man opsnappe subtile ting, som undslipper de ydre øjne. En erfaren leder, som har prøvet at være ude i al slags vejr, kan hjælpe ansatte til at forstå deres begrænsninger og svagheder og derved skabe den nødvendige opmærksomhed. Virkelig støtte handler ikke kun om at tilbyde attraktive lønninger og særlige fordele. Den handler også om at have en dyb forståelse for de talenter, færdigheder og skrøbeligheder, som hvert medlem i arbejdsgruppen har.

At hjælpe ansatte med at bearbejde følelser er en sensitiv opgave, som skal udføres på en ordentlig måde. Følelser skal behandles med den største varsomhed. Processen svarer til, når en blomst folder sig ud. En fejlbehandling af så vigtigt et aspekt af menneskelivet kan have negativ indflydelse på alle livets områder, inklusiv familierelationerne og helbredet. Selvfølgelig har ledere og ansatte udefrakommende eksperter såsom kompetente psykologer, terapeuter og rådgivere, der kan guide folk gennem disse situationer og hjælpe dem til at få et større perspektiv på situationerne.

Nogle af de forslag rådgiverne kommer med er:

- Vær tålmodig og fokuser på arbejdet.
- Afsæt tid til introspektion og selvforståelse.
- Hvis ens chef ansætter en leder, som ikke har kvalifikationer, eller en nær ven, som ikke har de nødvendige evner og talenter, kan man forsøge at se tingene fra den nye leders perspektiv. Ved venligt at påminde og korrigere ham, kan man forsøge at gøre ham opmærksom på sine mangler.
- Sammenlign ikke. Erkend andres færdigheder og svagheder og accepter dem, som de er.
- Vær ikke dømmende.
- Bak op om fælles målsætninger og stræb efter, at organisationen får succes.
- Forsøg først at arbejde med egne svagheder.

Alle disse forslag er virkningsfulde, men det gælder kun i en vis udstrækning. Der er altid fordele og ulemper. Ultimativt set er det en forandring i den ansattes indstilling, som vil være mest virksom. Man kan også skifte virksomhed eller arbejde. Eller som nogle mennesker gør, kan man starte egen forretning og være sin egen leder. Men uanset hvilken løsning, man vælger som ansat, vil der være en skygge, der følger en overalt, for uanset hvor man søger hen, vil man blive ved med at se og vurdere livets situationer med det samme sind.

Amma siger: "Der findes to slags situationer i livet: dem, hvor man kan vælge, om man vil løse problemet, og dem, hvor der ikke findes noget valg. Når det er muligt at vælge, kan man arbejde hårdere og hårdere, indtil man opnår målet. Modsat findes der andre situationer, som man vil ende med at være underlagt. Uanset hvor hårdt man kæmper, vil det ikke nytte at anstrenge sig. Man kan forestille sig, at man kun er 154 cm høj, og at man gerne vil være to centimeter højere. Man kan tage multivitamintilskud, hænge i anklerne med hovedet nedad eller lave andre slags strækøvelser. Men alle anstrengelser vil være forgæves. Det er kun spild af dyrebar tid, fordi kroppens DNA allerede har afgjort ens højde. Her bliver man nødt til at acceptere situationen og komme videre. Men hvis man ikke har bestået en eksamen eller ikke har klaret sig godt til en jobsamtale, har man derimod et valg. Man kan gå op til eksamenen én gang til eller møde op til en ny jobsamtale, indtil det lykkes at finde et arbejde. Det er vigtigt at få en ordentlig forståelse af forskellen mellem de to eksempler. Ellers kan det forårsage en sindsoprivende smerte og frygt. ”

Man skal vende hver eneste sten, man er i stand til, indtil man kommer til det punkt, hvor samvittighedens venlige stemme fortæller: ”Du har gjort alt, hvad der står i din magt. Nu kan du stoppe og slappe af.” Stol på den stemme. I virkeligheden skal man kun stole på den stemme. Hvad nytter det at kæmpe med en situation, hvor man til sidst vil tabe kampen og føle sig ydmyget og fuldstændig udmattet? Man skal tillade denne forståelse at trænge dybt ind. For at det kan lade sig gøre, er det ikke tilstrækkeligt, at man selv undersøger situationen. Dyb meditation er påkrævet. Kun meditation kan skabe den stilhed og det rum indeni, som kan genoprette den energi, der er gået tabt, og forebygge, at mere energi bliver spildt. Den virkelige accept, som er et positivt syn på ting, og den indre styrke, man søger, kommer måske ikke så hurtigt, som man ønsker. Ligesom en konstant indsats er nødvendig, hvis man skal opnå en hvilken som helst anden præstation, er oprigtig og vedvarende anstrengelse påkrævet for at opnå den indstilling, hvor man er i stand til at acceptere ting. Når det er sagt, bør jeg også tilføje, at nogle gange er det nødvendigt at gennemgå bestemte erfaringer for at nå hen til det punkt, hvor afslapningen og åbenbaringen indfinder sig. Mens man går gennem disse erfaringer, skal man forblive så åben, man formår, og samtidig ikke blive overvældet eller lade sig overvinde af erfaringen. Det er ikke let, men det kan helt sikkert lade sig gøre det, fordi man har et indre potentiale, som reelt set er uendeligt.

Lad mig dele en af mine egne erfaringer: I 1999 udviklede jeg pludselig en alvorlig diskusprolaps i nakken, og der fulgte en periode med intens smerte og lidelse såvel som følelsesmæssig tumult. Amma var den første, der advarede mig, allerede før symptomerne begyndte at udvikle sig. Det skete, mens vi var på den årlige rundrejse i Nordindien. Som altid foregik hele denne rejse i bil. Lige efter et aftenprogram i Bangalore, hvor der havde været et meget stort deltagerantal, og hvor programmet varede indtil sent næste morgen, kom Amma ind i bilen for at køre af sted til det næste program. Jeg sad på forsædet ved siden af chaufføren. Kort efter at bilen var begyndt at køre og hastigheden tog til, mærkede jeg Ammas blide greb om min skulder. Berøringen var anderledes, end den plejede at være. Jeg kiggede tilbage. Amma smilede til mig, men der var noget sørgmodigt i hendes smil. Hendes stemme var blid: "Det er som om, at der er noget uheldssvangert, der svæver omkring dig." Hun hviskede det på en måde, som sammen med udtrykket i øjnene, berøringen og hele stemningen, der indfandt sig, virkede stærkt og formidlede budskabet om noget endnu ukendt, som snart ville vise sig.

Allerede dagen efter begyndte jeg at mærke en smerte i mit skulderblad. Det begyndte i det små som en forstuvning og blev herefter gradvist værre for hver dag, der gik. I løbet af et par dage bevægede smerten sig ned i min højre arm. Da vi nåede frem til Pune, var smerten ikke længere til at bære. Jeg var hverken i stand til at løfte armen eller sidde ned, stå op eller bare ligge ned. Til sidst anbefalede Amma mig at få en MRI skanning. Den viste en diskusprolaps i nakken, hvor disken pressede på en nerve. De læger, vi opsøgte, var alle enige om at anbefale et kirurgisk indgreb. Amma var ikke enig. Hun sagde: "Der er ikke behov for noget kirurgisk indgreb. Du skal bare hvile dig, og så vil det helbrede sig selv." Det skete for fjorten år siden. Den gang herskede der i Indien en vis uro omkring det indgreb, lægerne anbefalede. Jeg besluttede mig for at lytte til Ammas anbefaling og hvilede.

Igennem to måneder var jeg ikke i stand til at rejse mig fra sengen. Det var ikke kun den fysiske smerte, jeg kæmpede med, men også en frygtelig psykisk og følelsesmæssig smerte. Da en anden specialist fortalte nogle ting, der lød meget skræmmende, om de potentielle eftervirkninger af diskusprolapsen, blev min følelsesmæssige og mentale tilstand yderligere forværret. Min største bekymring var, at jeg ikke kunne fortsætte den seva, som jeg havde lavet gennem de sidste tyve år. Igennem to årtier havde jeg hele tiden været energisk og fuldt aktiv.

Jeg troede, at der ikke var noget, jeg frygtede. Der var intet spor af frygt i den bevidste del af min psyke. Men denne erfaring var meget væsentlig for mig, fordi alt virkede til at falde fra hinanden. Det virkede, som om det var afslutningen af mit liv. Der var et dybt mørke og intet lys "for enden af tunnelen". Alt i mit liv gik godt, og så ramte denne ting mig som et lynnedslag. Hvert øjeblik der gik, var som en rejse gennem tidsaldre. I min hjælpeløshed var det eneste, jeg formåede at gøre, at græde og græde. Jeg græd mange tårer hver eneste dag og bad inderligt fra dybet af mit hjerte om at finde indre styrke, kærlighed og tro.

Amma guidede mig gennem hvert eneste skridt af denne smertefulde oplevelse og var som en anerkendt psykolog par excellence. Hun indgød tro og vished i mig og hjalp mig til at overvinde frygten. Alligevel tog det mig over seks måneder at komme ud af det mørke, som havde omsluttet mig.

Jeg var nødt til at tage det første skridt og derfra blive ved med at bevæge mig fremad. Uanset om det er en ydre situation eller en følelsesmæssig bølge, er det første skridt, man tager, meget vigtigt. Kærligheden til selvet er det første skridt. Man skal ikke forveksle kærlighed til selvet med kærlighed til egoet. Det er snarere en tro på ens eget selv, det indre potentiale. Hvis man skal beskrive troen på selvet med flere ord, er det den faste overbevisning om, at livet er en gave. Fødslen af det enkelte menneske er ikke tilfældig: den har et formål og et højere mål. Man er her for at udrette noget, ingen andre kan gøre. Uden den man er, vil der være en tomhed i universet. Universet vil savne én. Det skal man være overbevist om.

Det andet skridt, som er lige så vigtigt, er at finde den rette guide. Man har brug for en mentor, som har et omfattende syn på tilværelsen, har gjort sig alle slags erfaringer med livet, og som tillige formår at spille en virkelig godgørende rolle i samfundet. Hvis man når igennem de to første skridt, vil det tredje skridt automatisk indfinde sig. Det består i at fejre glæden ved livet og være frigjort fra en besættelse af ydre betingelser.

Jeg fandt Amma som min leder og guide. Hun kastede lys på min vej. Jeg skal bare være villig til at gå denne vej. Hun hjalp mig til at styrke mine følelser og tage ved lære af smerten, så min krop kunne hele.

Hver eneste af os har brug for en leder, som kan lede os ved sit eget eksempel, og som ikke kun har opnået en akademisk viden om livet. Det skal ikke bare være en person, som har akkumuleret tonsvis af informationer. Med de store spring, der er sket inden for videnskab og teknologi, kan man i denne tid se ethvert menneske blive lærd. Viden er kun et museklik væk. Det jeg ønsker at sige er, at man må søge efter en mentor, som er begavet med en ægte visdom, og som på en spontan måde er i stand til at undervise og træne andre gennem kraften i sit eget eksempel. Et citat af Albert Einstein kan belyse det: "At være et eksempel er ikke den vigtigste måde at påvirke andre; det er den eneste måde."

Med støtte fra en leder med de førnævnte kvaliteter vil man opbygge vigtige kvaliteter som mod, skelneevne og præcision, og man vil få den vision, som gør det muligt at se situationen på den rette måde. Denne forandring i den indre verden skaber også en forandring i de ydre situationer.

Man kan vinde i lotteriet og blive multimillionær. Eller som finaledeltager i et reality show kan man være heldig og vinde førstepræmien, så man får en million dollars. Men det vil ikke skabe nogen virkelig forandring indeni. Selvfølgelig kan man købe et større hus, en bedre bil, et større fjernsyn og lige så meget guld, man ønsker sig, og så videre. Men menneskeligt set vil man blive ved med at handle på nogle måder, der er rodfæstede i de samme psykiske mønstre, som er betinget af sindet og dets negative sider.

I stedet for at dræbe ti eller femogtyve mennesker med en trækølle eller en hammer, er et menneske nu i stand til at dræbe tusinder ved at trykke på en knap. Og man kalder det videnskabelig udvikling! Er det en virkelig forandring? Min pointe er: Det, der er brug for at forandre, er måden, man er tilstede på. Det handler om de kvaliteter, som findes indeni og om hele menneskets personlighed. Uanset hvilken forandring, der finder sted i ens liv, skulle den gerne hjælpe til at mindske ens problemer. Forandringen skal være kvalitativ og ikke kvantitativ. Den kan også være kvantitativ, hvis man ønsker det. Men den skal ikke forværre de eksisterende problemer.

Én pointe, man altid skal holde sig for øje, er, at alle hændelser, uanset om de er indre eller ydre, har et centrum og et hjerte. Her vil man finde et dyrebart budskab. Man har to valgmuligheder. Man kan enten behandle det på en sensationel eller en sensitiv måde. Det er ikke en sårbar sensitivitet, jeg taler om, men snarere en gennemtrængende sensitivitet. Hvad er gennemtrængende sensitivitet? Det er kraften til at se gennem smerten og afsløre dens centrum. Som der står i Kathopanishad, som er en af de største Upanishader: "Én, som er i stand til at se indad, vil erfare det indre selv, et center." Selvom verset handler om at genopdage centrum for den sande eksistens, kan budskabet bruges i forhold til alle livets erfaringer.

At se indad vil løfte hele oplevelsen op i en helt anden dimension. Man kan se de mest subtile aspekter af emnet, som er skjult for andre. Ved at erkende og indoptage disse principper, bliver man i stand til at være et vidne til sit miljø, og ens handlinger vil få en skønhed, kraft og tiltrækning, der går ud over det sædvanlige.

Det er et fundamentalt princip i livet, at det enkelte menneske er nødt til at møde livets forskellige erfaringer på egen hånd. Men hvis man har en leder til at guide sig, som er et levende eksempel på spirituelle dyder og værdier, vil hun hjælpe én til at styre sikkert gennem livets tilsyneladende farefulde bølger. Jeg bliver ofte mindet om Ralph Waldo Emersons ord: "Hvis du skal løfte mig op, skal du befinde dig et højere sted. "

De smertefulde perioder i ens liv, tiderne med prøvelser, har en større dybde, end de øjeblikke, som man tilskriver glæde, fordi glæden kun er midlertidig. De midlertidige øjeblikke er ikke så dybe. Når mennesker søger umiddelbar tilfredsstillelse, hvad andet kan man så forvente?

Man tænker ofte på sorg som en følelse, der svækker en. Men de, som virkelig har erkendt livets mysterium, videregiver et budskab om, at sorgen har en skjult styrke, og de kommer med dette budskab ved at lade deres eget liv være et eksempel på det. Faktisk har sorgen en dybde, som ikke findes i glæden. Det er som nat og dag. Mørket har noget uigennemtrængeligt i sig. Hvis man udvikler den indre styrke, der gør en i stand til at trænge gennem de tykke lag og dybt ind i de triste og sorgfulde erfaringer, vil det åbne en ny verden af bevidsthed, og man vil få en nøgle til en meningsfuld verden af viden.

Ammas liv er et fuldkomment eksempel, som vidner om sorgens transformerende kraft og den metamorfose, man kan opnå. Når først man forstår denne hemmelighed, vil man hver gang, man står ansigt til ansigt med sorg kunne opleve, at det mørke aspekt forsvinder, og at det i stedet kun er lyset, der bliver ved med at være der. Det vil være en simultan erfaring: således skal man ikke se bort fra smerten. I stedet skal man acceptere smerten, og det er denne accept, der frembringer lyset. Denne indsigt giver livet en større dimension. Hele den mening, man har tillagt livet (tjen mere og brug flere penge) vil gennemgå en forvandling. Ens krop, sind, følelser og endda den rigdom, man har optjent, bliver kraftfulde redskaber til at skabe den forandring.

Det dybe budskab, man lærer fra en sådan leder, er, at lives smerte ikke er til for at svække mennesket, men for at vække det. Sorger findes ikke, fordi man skal blive mere trist og deprimeret, men for at hjælpe til, at man kan blive mere bevidst. Fejltagelser sker ikke for at standse ens proces, men for at hjælpe til, at man kan udfolde sin indre kraft.

Amma kommer med et eksempel: "Man kan forestille sig, at man er ude at gå en tur i tusmørkets svage skær, og at en torn trænger gennem huden på foden. Man fjerner tornen og går videre, men nu er man blevet mere forsigtig og ser sig rundt efter andre torne. Pludselig opdager man en giftig kobraslange. Den opmærksomhed, som tornen tilskyndede til, har bevirket, at man kan afværge den potentielt farlige situation. Hvis man ikke havde været på vagt, kunne kobraslangen have bidt. Tornen, der trænger gennem huden på foden, skal ikke ses som en smertefuld erfaring i denne sammenhæng. Man vil måske forbande tornen, men når man sidenhen ser tilbage og får en dybere forståelse af oplevelsen, vil man indse, at den var en hjælp til at skabe opmærksomhed."

Der findes to citater af Charlie Chaplin, som er værd at nævne her. Han siger: "Intet er varigt i denne onde verden, end ikke vores vanskeligheder." Og det anden citat er: "For virkelig at kunne grine, må man være i stand til at tage sin smerte og lege med den!" Men det tog formentlig Charlie Chaplin et helt liv at få et glimt af denne sandhed. Spørgsmålet man har brug for at stille sig selv er: "Er jeg nødt til at vente så længe, før denne sandhed går op for mig?"

Kapitel 11

At tage ved lære af sine erfaringer

"Jeg kan godt lide tanken om, at mange ledere og direktører, som forsøger at løse problemer, overser skoven for bare træer, fordi de glemmer at se deres ansatte – ikke hvor meget de kan få ud af dem, eller hvordan de kan blive bedre til at styre dem. Jeg tror, de skal se lidt nærmere på, hvordan det er for deres ansatte, at arbejde i firmaet hver dag." Jeg ved ikke præcis, hvad Gordon Bethune mente, da han udtrykte sig på denne indsigtsfulde måde. Han er nu pensioneret, men var tidligere administrerende direktør i flyselskabet Continental Airlines. Det virker dog som om, at denne mand forstod nogle af de aspekter, som motiverer en arbejdsgruppe og skaber en god stemning.

Peter Drucker ramte hovedet på sømmet, da han sagde: "Det meste af det, man kalder ledelse, består i at gøre det vanskeligt for folk at få gjort deres arbejde."

Bevidst eller ubevidst antager nogle af dagens ledere og direktører en unødvendig alvor og en form for stolthed, hvor det virker som om, at hele verden skal vide, at de indtager en magtfuld position. At puste egoet op og forsøge at blive tungtvejende på den måde vil ikke bidrage til, at man bliver en god leder. Omvendt kan det måske endda få en negativ betydning for ens omdømme og produktivitet.

Inden for ledelse plejer man at sige, at det er en fordel at være venlig over for folk og en ulempe at være venner med dem. I denne sammenhæng siger Amma: "Man skal praktisere en responsiv form for ikke-tilknytning. Vær åben, men distanceret.

Vær mellem dem, men vær alene." Det lyder forvirrende. Men det er alligevel en af hemmelighederne bag succes: at være nær ved andre mennesker, men samtidig også at være på afstand.

Når man kommer for tæt på andre mennesker, kan man ubevidst blive påvirket af det, og i visse situationer vil det forblinde en, så man ikke er i stand til at erkende sandheden om situationen. For stor nærhed eller familiaritet kan påvirke dømmekraften på en negativ måde. Frem for alt kan man måske komme til at eksponere alle. I et øjebliks begejstring kan man nogle gange forglemme sig selv og sin egen identitet, fordi man bliver offer for manglende opmærksomhed. I det øjeblik hvor man identificerer sig med en bestemt situation, kan man komme til at ytre et ord, bevæge sig på en bestemt måde eller have et ansigtsudtryk, som man ikke selv tror, har den store betydning. Men et meget fintfølende menneske kan tolke det som en tydelig indikator. Hvis denne person har ventet på den rette lejlighed til at få ens karriere ud på et sidespor, vil han benytte lejligheden til at komme opad i hierarkiet og skubbe én selv nedad. Et enkelt øjebliks uopmærksomhed kan få et helt imperium, som man med sved og blod har opbygget, til at styrte sammen.

Det overfladiske sind er ikke i stand til at udrette noget betydningsfuldt. Alle præstationer er babyer, der fødes i det dybere sind, som er en speciel livmoder, der er skabt til at undfange innovative ideer. Viden er ikke noget ydre. Den findes ikke udenfor. Viden er noget indre, en del af vores væren. En udbredt talemåde er: "Øjnene er sjælens vindue," og hvis den justeres lidt, kan den blive til: "Øjnene bliver et nyt vindue, hvor man kan se en hel verden af viden indeni, som er det uudnyttede potentiale i os."

Det er normalt, at mange mennesker forveksler betydningen af ordene alene og ensom. Mange tænker endda, at de betyder det samme. Når man er alene, bliver man løftet op i en højere tilstand af bevidsthed, fuld opmærksomhed, rummelighed og munterhed. Når man er ensom, bliver man trukket ned i ulykkelige følelser og opmærksomheden svigter. Hvordan kan en leder, som ikke er glad, være kreativ og produktiv? Vil de ansatte være glade for den utilfredshed, han udstråler? Vil et sådant menneske være i stand til at etablere en god kommunikation mellem forskellige afdelinger? Vil en leder, som hører til denne kategori af mennesker, være i stand til at modtage og give ærlig feedback på en kærlig måde?

Når man bliver vant til noget, er det ofte det samme som at påtage sig de karakteristika, som hører til denne vane, og efterhånden bliver man mere og mere som den person eller ting, man har vænnet sig til at være. "Giv tilbage med samme mønt" er i dagens samfund blevet en acceptabel leveregel. Budskabet er: "Hvis verden er uretfærdig, så må man selv følge trop."

"Det vanskelige ved at være god" er den titel, som den indiske forfatter og intellektuelle Gurucharan Das valgte til sin bog. Titlen indeholder en slående pointe. At indvillige i at være god og ærlig i alle omstændigheder er virkelig vanskeligt. Men er alle bedrifter ikke vanskelige? Herudover er "god" ikke et superlativ. Det betyder ikke perfekt. At være virkelig god er selvfølgelig en udfordrende målsætning. Men trods alle vores følelsesmæssige ufuldkommenheder og svagheder, er det stadig muligt at være et godt menneske, hvis man virkelig ønsker at være det. Selvom det menneskelige sind er kendetegnet ved negative tanker, er det muligt at minimere og reducere intensiteten i de negative tilbøjeligheder. Man kan også afstå fra at handle på uønskede og destruktive tanker, selvom det næsten er umuligt at holde dem helt væk.

De fleste mennesker vænner sig til at have problemer. Desuden findes der også dem, som også giver deres problemer videre til andre, mens de selv gennemlever deres problemer Jeg husker et eksempel, som Amma fortalte om: "Der var en mand, som fik nogle alvorlige migræneanfald, og som hele tiden beklagede sig over det til alle i sin familie. Han beklagede sig endda også til sine venner og naboer. Sidst på dagen havde han ikke selv nogen hovedpine længere, men det havde alle de andre."

Det er normalt at være knyttet til sin rigdom og sine ejendele. Hvis der er det mindste tegn på, at nogen vil forsøge at tage noget, bliver man meget oprørt.

På samme måde kan mennesker komme til at knytte sig til deres problemer og ideer.

Følgende "Regelsæt for tumlinger" er tankevækkende:

Hvis jeg kan lide det, er det mit
Hvis det befinder sig i min hånd, er det mit
Hvis jeg kan tage det fra dig, er det mit
Hvis jeg havde det for et lille stykke tid siden, er det mit
Hvis det er mit, må det aldrig nogensinde virke som dit
Hvis jeg laver eller bygger noget, er alle delene mine
Hvis det bare ligner noget, der er mit, er det mit
Hvis jeg tænker, det er mit, er det mit.

Alle frembringelser er produkter af det menneskelige sind, som er begrænset. Derfor kan de ikke være fuldkommen fejlfrie. Men hvis man er overdrevent knyttet til en plan, så den bliver som ens "baby", vil man komme til at følge "Regelsættet for tumlinger". I den tilstand, hvor man er alt for knyttet til planen, er man ikke i stand til at modtage feedback og forslag fra andre i sin arbejdsgruppe. Man er ikke i stand til at yde gruppen den retfærdighed, som den fortjener.

Jeg har hørt folk sige: "Livet er uretfærdigt, men jeg har vænnet mig til det."

Amma ser anderledes på det og fortæller disse mennesker: "Livet virker kun uretfærdigt, når man opfatter det med ydre øjne. Når man ser på det indefra, vil man erkende, at livet altid er retfærdigt, fordi livet er totaliteten, kosmos. Mennesker kan være uretfærdige, men kosmos bør være retfærdig, fordi kosmos er lige tilgængeligt for alle. Man skal altid forblive godt rodfæstet i sine egne overbevisninger om livets værdi."

Det er ikke Ammas tilgang at vænne sig til den "uretfærdige" verden og undlade at følge i retfærdighedens fodspor. Det, der finder sted rundt omkring i verden, er uundgåeligt og uomgængeligt. Man skal modigt gennemleve forskellige oplevelser og lære at transcendere dem. At transcendere vil sige at transformere – at transformere sine svagheder og begrænsninger til styrker. På den måde løfter man sig over den uretfærdige verden, og man forbliver uberørt af den.

"Elsk alle, tjen alle. Giv, tilgiv og vis medfølelse" er de grundlæggende principper i Ammas tilgang til ledelse, og af den grund har hun på intet tidspunkt vanskeligheder ved at give feedback til nogen i sin arbejdsgruppe. Det mest kraftfulde og beundringsværdige ved hendes feedback er, at hun lige som alle andre tager sin del af ansvaret for situationen. Hvis nogen siger: "Det hele er min skyld," vil Amma svare: "Nej, din fejl er min fejl. Måske var jeg ikke god nok til at give detaljerne den rette opmærksomhed."

I stedet for at bruge den slags situationer til at irettesætte den involverede person eller gruppe, fortæller Amma altid, at man fremover skal fokusere på at være mere bevidst og opmærksom. Hun motiverer folk ved at hjælpe dem til at se hele hændelsen fra et andet synspunkt.

Lad mig fortælle om en begivenhed, der illustrerer denne pointe. Den fandt sted længe før kreditkortene blev introduceret. Vi havde en gruppe indkøbere, som altid var nødt til at have kontanter på sig, når de gik ud for at købe ind på vegne af vores hovedkontor. Gruppen bestod af tre unge mænd, inklusiv chaufføren, som også boede på stedet og var frivillig medhjælper.

På en af indkøbsturene mistede de på en eller anden måde alle kontanterne, og der var tale om en stor mængde penge. Enten var det en lommetyv, som havde stjålet dem, eller også var de blevet forlagt. Da de unge mænd kom tilbage, turde de ikke fortælle det til Amma. Alle i gruppen var bange for, at Amma ville blive meget vred, og derfor holdt de sig krysteragtigt inde på deres værelser. Inden længe blev en anden frivillig sendt ud for at hente dem, fordi Amma ønskede at snakke med dem. De var selvfølgelig alle sammen blevet grebet af frygt og skyldfølelse, men Amma bød dem velkommen med et stort smil lysende i ansigtet. Hun bad dem om at sætte sig ved siden af hende, og mens hun kærtegnede dem, sagde hun: "Tag det roligt. Det skal I ikke bekymre jer om. Den slags sker. Det er ikke jeres skyld. Så slap af. Forhåbentlig gik pengene til en, som fortjener det."

Det var enkle ord, og indstillingen bag dem vidnede om stor omtanke. Ammas omsorgsfulde ord fik en dyb indvirkning på gruppen. Det var samme slags lettelse, man føler, når man kommer ind i et rum med aircondition, efter at man i lang tid har opholdt sig ude i solens hede. Alle i gruppen blev rørt over det, og der blev skabt en afslappet stemning.

Da deres følelser var faldet til ro, fortalte Amma: "Det er normalt, at der sker den slags fejl. Det er på ingen måde vanskeligt for mig at tilgive og glemme det. Men hver eneste rupee er utrolig værdifuld for mig. Det er som en dråbe, men dråben udgør floden. Hver eneste rupee skal sammen med vores anstrengelser gives tilbage til samfundet som vores offergave, og det skal udgøre en meget større del. Der findes tre slags fejl: dem, der sker, dem, man kommer til at begå ved en fejl, og dem, man gør med vilje. Nogle gange går ting galt, selvom man er opmærksom og forsigtig. Det er den slags fejl, der sker. Man gør det ikke bevidst, og man har ikke nogen intention om det. Men når noget går galt på grund af ens manglende omhu, er det alligevel ubevidst noget, man gør. Den tredje kategori handler om de fejl, man begår med vilje. Man har altså en bevidst intention om at begå fejlen. Det er vanskeligt at korrigere alle tre slags fejl, men det er på ingen måde umuligt. Uanset om man begår fejlen bevidst eller ubevidst, er der et fælles træk – manglende opmærksomhed. Det giver ikke mening at begå fejl, hvis man ikke forsøger at rette på dem ud fra de muligheder, man har for at tage ved lære af situationen. Husk det. Ammas feedback blev modtaget meget positivt af alle i gruppen.

Det hele blev kommunikeret på en venlig og dog indtrængende måde, men der blev først fulgt op på situationen, efter at gruppen havde fået hjælp til at komme ud af den mentale anspændthed. Det var første skridt. Det var først, da alle var blevet afslappede og åbne, at man kunne rette opmærksomheden mod det andet skridt. Hvis det var sket i den omvendte rækkefølge, ville de ikke have været i stand til at modtage budskabet, fordi følelsen af frygt og skyld ville have udgjort en skal, der afholdt budskabet fra at trænge ind.

Amma fortæller: "Fortiden er et faktum. At tage ved lære af den og have tro på nuet, vil sætte os i stand til at være venner med fremtiden." I virkeligheden er fremtiden nuets blomstring. Hele fremtidens bidrag afhænger af, hvor intelligent vi håndterer nuet. Så lad os gå ud af de uomstødelige facts og forberede os på at stå ansigt til ansigt med fremtiden ved at være i nuet.

Ved ikke at spille det normale spil af bebrejdelser, som vi ser finde sted i verden, løser Amma en situation uden at skabe nogen oplevelse af skyld eller værdiløshed i andre. Hendes "krigere" er fuldt ud opmærksomme på denne tilgang, og derfor åbnede de sig helt for hende. Således overses ingen detalje, end ikke den mindste.

I mange organisationer kan ledelseseksperterne observere, at nogle af de største vanskeligheder er relateret til, hvordan man giver og modtager feedback. Enten er den utilstrækkelig, eller også kommer den alt for sent. Der gives i virkeligheden sjældent feedback med de rette intervaller. Frygt for kritik, manglende selvsikkerhed, besættelse af egne ideer eller modvillighed mod at stå ansigt til ansigt med en konkurrent, kan ligesom et dybt rodfæstet had til den nærmeste leder være nogle af de årsager, som holder en fra at give og modtage værdifuld kritik på det rette tidspunkt og med den rette indstilling.

Ægte og autentisk feedback handler ikke om fejlfinderi. Den respekterer og understøtter andres synspunkter. Man bemærker ting i fuldkommen ærlighed. Det foregår mere som en udveksling, en interaktion eller en kommunikation mellem to modne mennesker eller parter. Intentionen er at træffe den rette beslutning, som vil gavne organisationen. Medmindre både giveren og modtageren mentalt opfatter sig selv som mennesker, der evaluerer og foreslår strategier, og som godt er klar over, at det drejer sig om subjektive erfaringer og ikke absolutte løsninger, er det vanskeligt at sikre en sund og produktiv feedback.

Dale Carnegie, en amerikansk forfatter og underviser, som tillige har udviklet mange berømte kurser i selvudvikling, salg og markedsføringen bemærkede: "Ethvert fjols kan kritisere, fordømme og beklage.... Og de fleste fjolser gør det."

Ammas måde at give og modtage feedback er unik. Den er en indgroet del af alt det, der sker omkring hende og ikke kun begrænset til institutionerne og de humanitære programmer. Hver eneste dag taler Amma enten direkte eller i telefon med lederne af sine hovedafdelinger, og hun får regelmæssige opdateringer. Som modtager forbliver Amma fuldstændig åben og lytter til alt, hvad fortælleren ønsker at sige. Når Amma deler sine synspunkter, analyserer hun hver eneste del af informationen og tager hver eneste bemærkning i betragtning, mens hun afvejer fordele og ulemper. Det sker lige foran gruppen, og på den måde sikrer hun, at ingen vital faktor er udeladt, inden man når frem til en konklusion. Hun ved samtidig med usvigelig sikkerhed, hvad hun skal og ikke skal understrege, ligesom hun har forståelse for, hvilke aspekter hun kan tale åbent om, og hvilke der er fortrolige.

Amma siger: "Man skal huske de to vigtigste ting: sandfærdighed og den indre styrke til at holde en hemmelighed. Vær sandfærdige og afslør aldrig en hemmelighed til andre." Det er et råd, som næsten alle medlemmer af hendes arbejdsgrupper modtager.

Selvom Amma styrer hele showet, når hun med stor dygtighed leder institutioner og humanitære aktiviteter i vores organisation, er hun fuldstændig uprætentiøs omkring det. Hun har absolut ingen vanskeligheder med at tale personligt med forskellige ledere af afdelinger, og hun lytter, interagerer og modtager også feedback fra de fleste af de yngre medlemmer af staben. Selv mennesker, der udfører almindeligt arbejde, kan frit komme til Amma og fortælle hende om deres problemer og synspunkter.

Jeg har ved flere lejligheder været vidne til, at Amma diskuterer forskellige emner med skolebørn og får feedback fra dem. En gang spurgte jeg hende: "Hvorfor taler du med små børn om den slags alvorlige ting?" Amma smilede og sagde: "Børn er klogere end voksne. De er i stand til at komme med pragtfulde ideer og bidrage med levende eksempler. Man skal aldrig undervurdere nogen. Universets viden springer frem overalt. Ens søgen bør være endeløs. Man skal banke på alle døre. Man ved aldrig, hvor de skjulte kilder til denne viden er. Udadtil kan det virke til at være den mest simple og betydningsløse information. Men hvis man fjerner skallen, kan man finde en hel verden af indre skatte."

At tilslutte sig et bestemt arbejdsmønster og være meget striks omkring at få alle til at følge reglerne uden undtagelse kan forkrøble lederen og hele den måde virksomheden eller afdelingen fungerer på. Disciplin er essentiel, men en blanding af arbejde, der er kombineret med sjov, vil sikre en åben kommunikation. Sagt med Ammas ord: "Livet skal være en perfekt kombination af disciplin og leg. Vær alvorlig og legende. Vær både som et kontor og en skov. Disciplin kommer fra intellektet og leg fra uskyld. Når de to faktorer blandes, giver det kærlighed og succes."

Man kan forestille sig billedet af et systematisk kontor, der er smeltet sammen med skønheden og den fyldige fornemmelse af en forfriskende skov. Tanken om dette kan løfte alles humør. Billedet viser det spring, der finder sted, når man integrerer de to verdener. Man skal skabe muligheden for, at det sker. Det er overraskende at se, hvordan selv de mest snobbede og reserverede medlemmer af en gruppe pludselig åbner sig. Den konventionelle stemning i et kontor opmuntrer ikke folk til at tale naturligt sammen eller lære hinanden at kende. At skabe specielle lejligheder, hvor gruppen kan komme væk fra arbejdspresset på kontoret og udtrykke deres naturlige talenter, kan have en forløsende og genopbyggende virkning. Hvis disse sessioner organiseres på den rette måde, kan det bringe den skjulte legende side frem, barnet inde i os alle, så denne side viser sig i al sin fylde og livlighed. Ved at glemme den sociale og officielle status så vel som følelser af at være overordnet og underordnet kan man i det mindste i et stykke tid alle befinde sig på et lige niveau. Det vil samtidig styrke gruppens morale, kreativitet, produktivitet og evner til at kommunikere. Der skabes en følelse af enhed.

Amma er ekspert i at skabe en sådan integration. Rektoren, Amma, vice-rektoren, lederen af den medicinske afdeling, dekaner, ledere af forskningsgrupper, ingeniører, administratorer, pedeller, kantineledere, tjenere, rengøringspersonale, lydfolk, professionelle fra andre områder, vesterlændinge og indere sidder alle sammen i nærheden af hinanden. Folk bliver ikke kategoriseret. Hun siger ikke: "Jeg vil kun have kontakt med dekanerne eller lederen af den medicinske afdeling." Hun værdsætter menneskeligheden i alle og blander sig med alle folk. Hver eneste af medlemmerne i hendes gruppe får oplevelsen: "Jeg er hendes favorit. Hun holder virkelig af mig." Enhver form for mental blokering bliver fjernet på den måde, og personen kan med glæde udfolde sit fulde potentiale inden for det respektive område, og derved åbnes vinduet til at give og modtage feedback.

De, som har forstået livet og erkendt dets mysterier, er enige om én ting – at man skal have hjertet med, uanset hvad man udretter. Det er i virkeligheden et spørgsmål om indstillingen til det, man gør. Og med en forandring i indstillingen, hvor arbejdet bliver noget, man fejrer, kan livets betingelser forandre sig.

Når Amma rejser i Indien og i udlandet, er der hundredvis af mennesker, som rejser med hende i adskillige busser og andre køretøjer. Vi har vores eget køkkentelt med, det nødvendige udstyr, store kogekar, tallerkener, kopper, stole, lydanlæg osv. Når alle i følget når frem til det sted, hvor programmet skal afholdes i hver by, begynder de frivillige tidligt om morgenen at sætte alt op og lave mad. Det er opgaver, som tager hele dagen og fortsætter langt ud på natten. Dem, der besøger disse køkkener ved Ammas programmer i Indien og i udlandet, får en håndgribelig oplevelse af, hvordan arbejde kan transformeres og virkelig blive tilbedelse. Disse køkkener er festlige områder.

Ammas tour i Europa og Nordindien finder sted i begyndelsen af vinteren. I næsten alle byerne befinder køkkenteltet sig uden for hovedhallen. Men atmosfæren er ekstatisk, og folk synger og danser. De oplever det, som om de ikke virkelig arbejder, og alligevel arbejder de meget hårdt, men der er ingen anspændthed. Tværtimod virker den legende atmosfære, der indgydes i arbejdet, som en modgift mod anspændte og negative følelser. Hvis man efterlyser en logisk årsag til en sådan glædesfyldt oplevelse, kan man helt ærligt ikke finde nogen.

Hvert år begynder Ammas tour i Nordamerika den tredje uge af maj. Før hun rejser, arrangerer Amma en speciel festlighed for de næsten 3000 beboere i det indiske center. Sammen med kokkene og beboerne laver hun masala dosas (pandekager, der laves med en blanding af pulveriseret ris og sorte krydderfrø, som fyldes med en tyk blanding af kartoffelmos, store løg og krydderier) og pomfritter til alle. Det lyder enkelt, men ved en nærmere forståelse af, hvad der foregår, kan man lære meget om multitasking. Hele begivenheden finder sted under Ammas strikse opsyn. Alt udstyret forberedes i god tid inde i den største hal. Der står nogle store gaskomfurer, et antal pander, som har gigantisk størrelse, til at lave dosaer. Der er også spartler og bronzekar til den kogende varme olie, der bruges til at stege pomfritterne i.

Lige efter aftenens afsluttende bønner, begynder Amma festen med dosa og pomfritter. Sammen med kokkene og beboerne deltager Amma aktivt i tilberedelsen af maden, og samtidig holder hun øje med hver eneste del af opgaverne, som f.eks. hvor meget olie, der anvendes, og hvordan man sikrer, at hver dosa og kartoffelstykke har nogenlunde ens størrelse. Der er konstante påmindelser om, hvordan man sikrer, at dosas og pomfritter ikke bliver kogt for meget. Hallen er fyldt med små børn, drenge og piger, kvinder og mænd i alle aldre og fra alle dele af verden. Nogle mennesker laver dosas, andre pomfritter.

Alle i forsamlingen er ivrige efter at deltage i begivenheden. Ophidselsen kan indimellem skabe mindre disciplinære problemer, især med de små børn. På en omsorgsfuld og kærlig måde beder Amma dem om ikke at komme for tæt på de varme pander og gryder. Hvis de ikke hører efter, hæver hun stemmen en lille smule. Så beroliger hun børnene, og i næste øjeblik vender hun opmærksomheden mod kokkene for at give dem instruktioner.

Det finder alt sammen sted, mens hun samtidig er i færd med selv at lave dosas eller at skære kartofler ud.

I maj måned er sommeren stadig på sit højeste i Kerala, og der er ikke aircondition i hallen. Ud over varmen, som kommer fra den brændende sol, stiger temperaturen inde i hallen også på grund af varmen, røgen og ilden fra gaskomfurerne, den kogende olie og de varme pander med dosa. Den store forsamling gør det endnu værre. Kort sagt bliver tempelhallen nærmest til en ovn. Men atmosfæren er fyldt af så stor en lykke og festlighed, at ingen bekymrer sig om varmen.

Efterhånden som tilberedelsen af måltidet skrider frem, begynder Amma at servere maden. Hver person får et par masala dosaer og tilstrækkeligt med pomfritter. Amma overrækker personligt en tallerken til hver eneste beboer, inklusive de små børn. Selv mens hun serverer maden, har Amma omhyggeligt overblik over hver eneste detalje i denne opgave. Mens Amma serverer maden, opdager hun måske, at der på en tallerken ikke er så mange kartofler, eller at en masala dosa ikke er så stor, og så sender hun tallerkenen tilbage og beder om lidt ekstra mad. På den måde kontrollerer hun omhyggeligt både kvaliteten og kvantiteten. Børn, drenge og piger, ældre mennesker, dem med fordøjelsesproblemer og andre sygdomme får særlige tallerkener, som afhænger af deres alder og appetit. På den måde sikres det, at intet går til spilde.

Denne anti-spild-politik er normal inden for alle områder af Ammas institutioner. "Nul spild" er et af Ammas elskede mottoer. Ligesom ethvert andet administrativt og ledelsesmæssigt område har også dette område hendes konstante personlige opmærksomhed. Amma siger: "Man skal altid huske de millioner af mennesker, som lever under stor fattigdom og sulter. Man skal tænke på deres lidende, triste ansigter. Når blot man spilder en enkelt bid mad, afholder man dem fra at få det, de virkelig fortjener. Og når man tager mere, end man har brug for, stjæler man det, som rettelig tilhører dem."

Ved afslutningen af "dosa-pomfrit-festen" synger Amma for, mens alle stemmer i med et par sange. I en normal situation anses det som en fysik lidelse at befinde sig et sted, hvor tusinder mennesker sidder tæt pakket, mens næsten alle er badet i sved. Men her er der mennesker i alle aldre, som har forskellige køn, kulturer, trosretninger, nationaliteter og sprog, og de nyder oplevelsen i fulde drag. Her er der ingen, der er generet af ubekvemmeligheder.

At lave mad til tusinder af mennesker, at styre kvalitet og kvantitet, og at servere alle måltiderne, mens det hele foregår i samme rum, er ikke en let opgave. Men her ser man, hvordan arbejdet bliver til tilbedelse, en festlig begivenhed. Folk stråler af glæde. Det er som at se på en fortryllende dans.

Det hele kan sammenfattes i en enkelt sætning: "Det er sådan hjertet er."

Det man kan lære er, at mens man laver dosas, pomfritter eller pizza, er det vigtigt at være en god kok. Når man er sammen med sine børn, skal man være en god far eller mor. Når man taler, skal man være en god taler, men når andre taler, skal man tillade dem det og også være god til at lytte. Og når man er på kontoret, skal man være en pragtfuld leder. Man skal både se på ledelse i et mikro og makro perspektiv. Der er intet nyt, overmenneskeligt eller mirakuløst i det. Det er bare sådan, livet bør styres. Og det er præcis det, Amma gør.

En rig mand kom en gang hen for at møde en stor mester. Der var en have foran mesterens hytte, hvor han så en mand, som var i gang med havearbejdet. Den rige mand spurgte ham: "Må jeg få at vide, hvem du er?"

"Det er tydeligt, er det ikke? Jeg er gartner," svarede han.

Den rige mand sagde: "Ja, det ser jeg. Jeg er her, fordi jeg vil møde din mester."

"Hvilken mester? Jeg har ikke nogen."

Den rige mand tænkte, at det var nytteslløst at tale med ham. Men for at afslutte samtalen spurgte han manden i haven: "Men du ejer dette sted, gør du ikke?"

"Måske," svarede han.

Så gik den rige mand indenfor. Hytten lå lidt på afstand af porten. Husets hoveddør var åben. Herinde i huset, sad gartneren og han var i et roligt og fattet humør.

Den rige mand var overrasket og spurgte: "Er du ikke den samme, som jeg mødte udenfor, eller er du hans tvillingebror?"

"Måske," sagde 'gartneren.'

Den rige mand sagde: "Hvem er ham, der laver havearbejdet?"

"Ingen anden end en gartner."

Da han bemærkede den rige mands vanskeligheder, tilføjede mesteren: "Der er ingen grund til forvirring. Det var det samme menneske, der udførte to forskellige opgaver. Jeg er gartner, når jeg laver havearbejde, og jeg er mester, når jeg underviser mine elever. Nogle gange spiller jeg golf. Og når jeg gør det, er jeg perfekt som golfspiller. Uanset hvad jeg gør, bliver jeg til det."

Det er præcis, hvad det betyder, når Amma siger: "væk barnet indeni." Et barn forbliver altid fuldt og helt i nuet, mens det bevæger sig fra et øjeblik til et andet.

Når kærlighedens rene energi vækker barnet indeni, mister man aldrig tålmodigheden. Et barn, som er ved at lære at gå, giver aldrig op. Uanset hvor mange gange, det vælter omkuld, vil barnets vedholdenhed og tro ikke forsvinde. Hver gang det falder, får det mere styrke og rejser sig for at fortsætte.

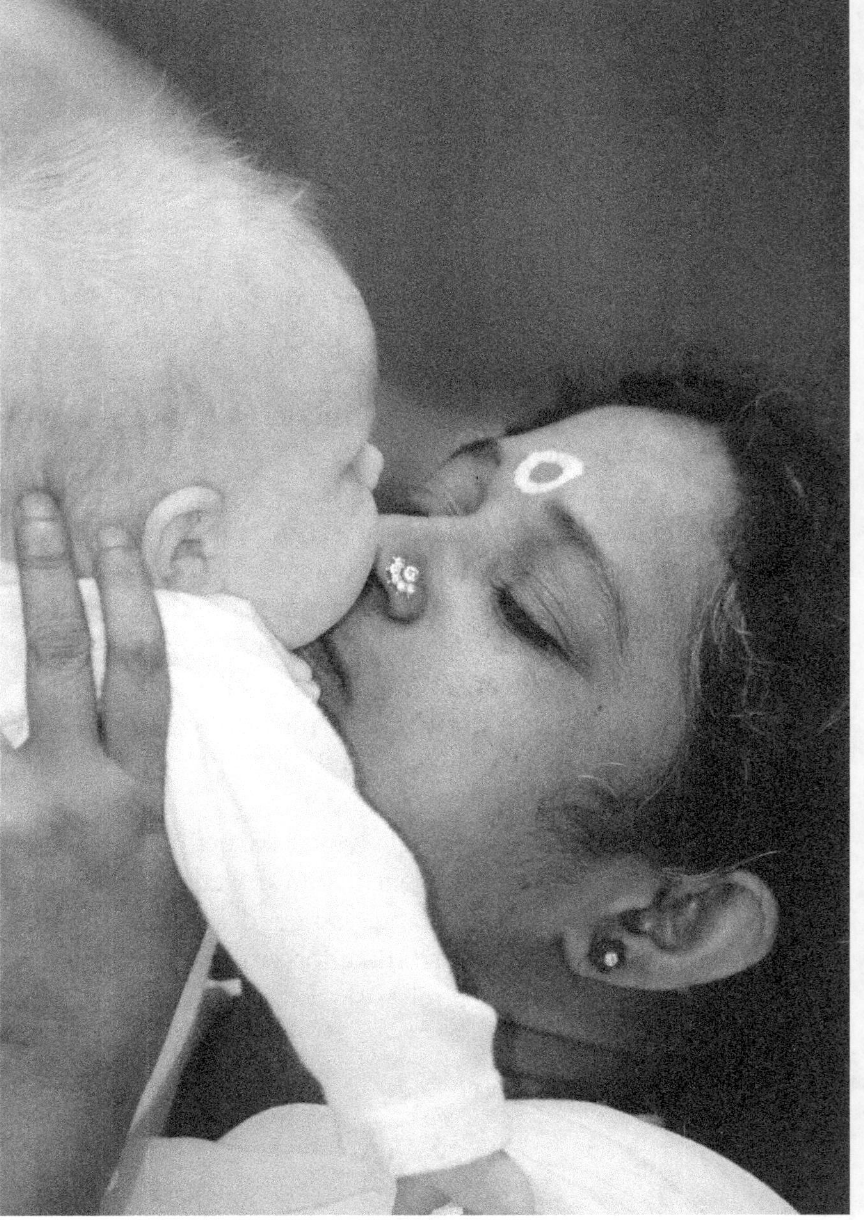

Kapitel 12

En anden slags formuepyramide

For nylig læste jeg en artikel, der var skrevet af Justin Fox, der er chefredaktør på Harvard Business Review Gruppen og klummeskribent på økonomiområdet for Time Magazine. Selvom artiklen var kort, var den meget velskrevet, og den udfoldede sig lidt som en fabel. Den handlede om, hvordan forfatteren mødte ledelseseksperten C.K. Prahalad.

En måned før CKP døde, mødtes forfatteren med ham, og de spiste frokost sammen i New York. Under samtalen opsummerede Justin Fox de ideer, CKP havde delt med ham, i et par noter. Et stykke tid efter hans død ryddede forfatteren op i sin taske, og her fandt han adskillige sider med de noter, han havde skriblet ned under samtalen ved frokosten. Artiklens forfatter, Justin Fox, genfortalte CK Prahalads tanker på følgende måde:

"I 1850'erne kostede en symaskine mere end 100 amerikanske dollars, mens den gennemsnitlige amerikanske familie havde en indkomst på omkring 500 dollars om året. Så introducerede virksomheden I.M. Singer en plan, hvor man kunne betale af på symaskinen hen over tid. I løbet af det første år blev salget tredoblet. Singer var den første amerikanske virksomhed, som også voksede og blev stor på et globalt plan. Kunderne, som fulgte afbetalingsplanen, fik samtidig forbedret og beriget deres liv. Han afsluttede artiklen med en aforisme: "Hvis man bygger til de fattige, kan de rige slutte sig til. Hvis man bygger til de rige, kan de fattige ikke slutte sig til." Denne innovative forretningsmodel kalder han "Formuen på bunden af pyramiden." Essensen i denne forretningsmodel er "at generere penge ved at sørge for verdens mest trængende." Som en påmindelse om Prahalads bog "Formuen på bunden af pyramiden" er Titlen på Justin Fox's artikel "Formuen i bunden af min taske," og den er en påmindelse om Prahalads bog. Titlens leg med ord peger på den store værdi, forfatteren tilskrev de nedskriblede noter, der var begravet i hans taske.

Hvor korrekt er ekspertens udtalelse om vigtigheden af at bygge til de fattige, så de rige kan slutte sig til?

Amma ser meget forskelligt på tingene. Hun transformerer de rige mennesker, så de kan lære at tjene de fattige. Amma siger: "Hvis verdens rige mennesker udvikler medfølelse, vil det i høj grad gavne de fattige. De rige mennesker ejer store formuer og besidder de resurser, som de fattige har brug for. Når de rige mennesker forandrer sig, vil de bestemt være villige til at hjælpe andre mennesker, som lider nød." Amma skaber en transformation i rige mennesker, der "har", og derved hjælper hun dem, der "ikke har."

Amma siger: "Der findes to slags fattigdom i verden. Den ene fattigdom er mangel på kærlighed og medfølelse. Den anden fattigdom er mangel på tøj, mad og husly. Hvis man udvikler kærlighed og medfølelse, vil det være naturligt, at man begynder at sørge for, at andre får mad, husly, tøj osv. På den måde hjælper man de trængende. Derfor er fravær af kærlighed den største fjende, som man skal have afskaffet." Når Amma møder folk og omfavner dem, er det hendes hovedformål at vække den rene kærlighed og medfølelse, der findes indeni dem.

Amma har også udviklet en "formuepyramide" model, men den er baseret på de antikke vismænd og deres visdom. Denne pyramide hæver sig op til et langt højere niveau af "formue". Det handler om en formue, der giver en indre rigdom, som ingen ydre formue kan give. En ekstraordinær egenskab ved denne model er, at den giver en umådelig glæde og tilfredshed til det enkelte menneske, selvom det ikke ejer noget. En anden stor fordel ved at opnå denne "formue" er, at den transformerer både succes og fiasko til festlige øjeblikke.

Man skal ikke misforstå denne model og tro, at den vil føre til tab, fejltagelser og bankerot. Det gør den ikke. Den indebærer i stedet, at man både opnår materielle og spirituelle højder.

Der findes også en "formue" på bunden af denne "pyramide-model". Amma siger: "Ligesom en pyramide har menneskelivet fire sider: dharma, artha, kama og moksha – søgen efter dyder, søgen efter penge, søgen efter glæde og søgen efter befrielse." Disse fire sider af tilværelsen udgør livets byggesten og spiller en vital rolle for den enkeltes overlevelse. Man kan tjene penge og nyde livets glæder, men mens man gør det, skal man leve i overensstemmelse med universets lov, der er kendt som dharma. Man skal leve i harmoni med den lov, for det vil give en varig glæde og fuldkommen frihed. Man kan sammenligne de to modeller, og så vil man kunne se, at modellen, som anbefales af de antikke vismænd, er den anden model langt overlegen. Det skyldes, at man ikke kun opnår materielle indtægter, men at man også opnår en uforstyrret og fredfyldt tilstand af sindsro.

Da Hr. Ron Gottsegen mødte Amma i 1987 under hendes første besøg i USA, var han en succesrig og veletableret amerikansk forretningsmand. Han havde grundlagt den offentlige virksomhed Radionics, som producerer alarmsystemer. Han var faktisk den, der havde opfundet det første programmerbare elektroniske sikkerhedssystem. Han formulerede det selv på denne måde: "Jeg havde allerede opfyldt behovet for at bevise, hvad jeg kunne opnå på egen hånd – uden hjælp fra familien og andre. Forretningslivet var ikke længere nogen udfordring for mig. Jeg havde ret hurtigt og nemt opnået en stor økonomisk succes, selvom det ikke var mit mål med livet, og selvom den økonomiske succes ikke forandrede min livsstil. Jeg havde altid forsøgt at udtrykke mig på en kreativ måde ved at opbygge en virksomhed, som var kendetegnet ved høj kvalitet og anerkendt som den førende indenfor den industrielle branche. Mine kærlighedsrelationer havde aldrig været tilfredsstillende, men derimod altid udgjort en kilde til smerte og bekymring, indtil jeg nåede det punkt, hvor jeg foretrak at være alene. Men jeg var ikke følelsesmæssigt moden, i og med at jeg aldrig havde forstået min sande natur. Jeg havde været skilt i op mod 15 år og havde været den primære omsorgsgiver for to drenge i alderen 11 og 13 år. "

Mødet med Amma blev begyndelsen til en stor transformation i Rons liv. Hans tilværelse begyndte gradvist at udfolde sig, og han opnåede en dybere realisering af livets formål. Han fortæller: "Jeg antager, at de første 40 år af mit liv bragte mig til det punkt, hvor jeg indså, at de konventionelle materielle værdier ikke indeholdt noget strålende."

Det er bedst at beskrive resten af historien med Rons egne ord: "Jeg var aldrig i stand til at trænge dybt ind i tingene og få en større forståelse af dem. Jeg formåede ikke at helbrede de gamle indre sår og forny min måde at tænke og handle på. Jeg havde ikke opnået en dybere rodfæstet tilstand af indre ro. Men gennem min relation til Amma forandrede disse forhold sig i løbet af de næste 26 år. Jeg fik en dybere forståelse af livets situationer, jeg blev i stand til at bryde de gamle negative mønstre og erstatte dem med positive mønstre. Som det vigtigste af alt, lærte jeg værdien af at tjene Ammas mærkesager på en kærlig måde. Det er herved, at den største transformation har fundet sted, fordi min intuition er blevet stærkere, og et dybere niveau af visdom har manifesteret sig. I takt med at min tro og indre overbevisning blev stærkere og mere solid, voksede min indre styrke også frem, og det har medført, at jeg oplever en tilstand, som er fuld af glæde. På det personlige plan har det været en meget produktiv periode for mig. Jeg ved ikke, hvad der ligger foran mig, men det gør ikke noget, fordi jeg på en meget håndgribelig måde oplever, at jeg er inde i et flow. Jeg vil altid være taknemmelig for, hvad jeg har, og jeg modtager stadig mange ting."

Vores længsel efter at tjene flere og flere penge, denne umættelige trang, er et tegn på vores indre og mere subtile længsel efter at blive rummelige. Selvom længslen udtrykker sig som et ønske om at blive rig, er det i virkeligheden et tegn på Selvets natur, som er glæde. Man søger efter glæden udenfor, men glæden findes i virkeligheden indeni. Derfor vil man aldrig opleve nogen virkelig glæde på grund af de materielle ting, man opnår.

Penge og glæde kan eksistere fredeligt sammen. Der var aldrig nogen af de religiøse skrifter, som gik imod penge. Det ser man på en levende måde skildret i en af de vigtigste Upanishader, Taittirya Upanishad. Teksten handler om at opnå fire ting: rigdom, renhed i sindet, viden og elever.

Selvom rigdom er det første på listen, står der i Upanishaden: "Giv mig herefter Lakshmi Devi (fremgangens gudinde)." Den indforståede betydning i ordet "efter" handler om, at pengene skal komme "efter at man har opnået visdom." Man skal først blive rig, når man har fået viden om dharma – retfærdighedens lov – for ellers vil rigdommen føre til ruin og ondskab. Et stort problem, som især ses i de rige lande, handler om, at folk ikke ved, hvordan de skal bruge deres penge på den rette måde. Skrifterne giver nogle klare retningslinjer på dette område.

Den ovenstående rækkefølge har en betydning. Først og fremmes skal man tjene penge, fordi det er nødvendigt grundlag for det daglige liv og for at kunne udføre det erhverv, man har. Hensigten med rigdom er, at den skal bruges med henblik på at sikre velfærd i samfundet. Man skal opbygge den visdom og indsigt, som giver en forståelse af, hvordan man bruger pengene på de rette formål. Når man bruger sin rigdom på en uselvisk måde – og derved forbedrer samfundet – fører det til en større renhed i sindet. Når sindet bliver renere, kan man få en dybere erkendelse af livet og det højere mål med at leve. Og endelig skal man til sidst lære andre mennesker, hvordan de kan bevare traditionerne for retfærdighed og dharma.

Det er hendes viden om dharma, som gør Amma til en speciel leder. Den politik, som kendetegner hendes organisation er følgende: "Ethvert pengebeløb, vi modtager, skal gå tilbage til samfundet og tilføres den højeste rente. Det vil altid holde os kørende." Hun efterlever selv sine egne ord og visioner. Hun har endda gjort sin fysiske krop til en offergave, som hun skænker til samfundet. Hun formulerer det på denne måde: "Der vil komme en dag, hvor denne krop omkommer. I stedet for at lade kroppen ruste op og undlade at gøre en indsats for at forbedre samfundet, foretrækker jeg at ofre mig selv til verden og bruge kroppen til noget godt." Den største tragedie er ikke døden: det er derimod at lade vigtige evner gå til spilde, fordi man ikke tager dem i brug. Alt kommer til os som en gave fra universet, og derfor kan man reelt set ikke gøre krav på noget. Det bedste, man kan gøre, er at give det hele tilbage som en offergave til universet. Man skal bruge alt, hvad man har - kroppen, sindet, intellektet og rigdommen – som gode redskaber til at tjene hele menneskeheden."

Yolanda King, som er Martin Luther Kings datter og leder af Martin Luther King jr. Center i USA er en stor beundrer af Amma. I følgende citat beskriver hun sin opfattelse af Amma: "Det jeg værdsætter mest ved Amma er, at hun ikke kun taler om de ting, hun står for. Hun er indbegrebet af ubetinget kærlighed, og det udtrykker hun gennem sine handlinger. Hun gør de ting, hun taler om! Amma lever sit eget liv på en måde, der er indbegrebet af den forandring, hun ønsker skal finde sted i hele verden."

Kaptitel 13

Ærbødighedens kraft

"Ligesom ilden dækkes af røg, og spejlet formørkes af støv, ligesom fosteret hviler dybt inde i livmoderen, er visdommen skjult bag selvisk begær."

Bhagavad Gita

"Hverken ild, fugt eller vind kan ødelægge gode handlingers velsignelser, og velsignelser oplyser hele verden."

Buddha

Nogle mennesker huskes for deres grusomhed og umenneskelighed, mens andre huskes for deres urokkelige mod og patriotisme. En lille udvalgt skare huskes som eksempler på gode lederegenskaber. Det er dog meget sjældent, at man husker et menneske, fordi det har været en ledestjerne for hele verden. I disse tilfælde husker man de gode cirkler, som hele tiden skabes omkring dem, man husker deres frygtløshed og udelte kærlighed til menneskeheden. Hverken tidens gang eller andre mennesker kan ødelægge deres berømmelse og pragt.

I Bhagavad Gita er det formuleret på en god måde:

"Han, hvis sind er indstillet på samme måde over for alle - godhjertede, venner, fjender, ligegyldige, neutrale, hadefulde, slægtninge, retfærdige og uretfærdige - vil udmærke sig."

Vejen til at udøve en varig indflydelse på andre mennesker, nå ind til deres hjerte og være en kilde til respekt og inspiration for kommende generationer, er ikke strøet med blomsterblade.

Hvis vejen var let at gå, ville der have været utallige mennesker, som med glæde havde vandret hen ad den. Men denne vej er en hård og anstrengende måde at leve på. Undervejs bliver man i højere grad konfronteret med nederlag og kritik end med livets succesrige og lyse øjeblikke. Mennesker med en almindelig indstilling til livet vil aldrig kunne begribe de mennesker, der opfører sig på så storsindet og tilgivende en måde. Disse lysende eksempler har altid gennemgået ydmygende situationer. Men alligevel forbliver deres overbevisninger om livet og de værdier, de efterlever, ligeså faste og urokkelige som et mægtigt bjerg. Af den grund bidrager hver eneste udfordring, de møder, til at fordybe deres tro og forstærke deres handlekraft, sådan at de kan opfylde den mission, de har påtaget sig.

Amma siger: "Uddannelse, tilegnelse af viden, videnskab og teknologi kan måske få menneskeheden til at avancere til niveauer, vi slet ikke kan forestille os. Men hvis resultatet er nye generationer af mennesker, som er mentalt og følelsesmæssigt umodne og som savner respekt for hinanden og samfundet, vil det virkelig være katastrofalt. Hvis du spørger mig: "Hvad er det vigtigste? Rettigheder eller respekt?" Så vil jeg svare: "Det vigtigste er at gøre opmærksom på sine rettigheder på en respektfuld måde." Hvis man kræver sin ret uden at vise respekt over for andre mennesker, vil det kun føre til, at man får et større ego. Hvis man gør opmærksom på sine rettigheder på en respektfuld måde, vil den kærlighed, forståelse og tillid, man udviser, skabe en forbindelse til andre mennesker. Når man nærmer sig andre mennesker på en respektfuld måde og forankrer kontakten i en dyb forståelse og accept af hinandens forskelligheder, vil kommunikationen udvikle sig til en sand dialog."

I 2001 blev det vestlige Gujarat i Indien ødelagt af et jordskælv. Tyvetusind mennesker døde, og de fleste overlevende havde mistet deres hjem. Vores organisation adopterede tre landsbyer i et fjernt område kaldet Bhuj. Da vi ankom, var indbyggerne bange for, at vi ville forsøge at påvirke deres kultur, religion og livsstil. Vi forklarede dem tålmodigt, at vi kun ønskede at genopbygge deres landsbyer, og at vi ville gøre det præcis, som de ønskede det.

Det endte med, at vi byggede 1200 huse til ofrene, og at vi også byggede templer, moskeer, kirker og andre slags rum, der bruges til religiøs tilbedelse.

Tre år senere blev området omkring vores hovedkvarter ved det arabiske hav oversvømmet under tsunamien i det sydlige Asien. Så snart indbyggerne i Bhuj hørte om det, var der hundredvis af dem, som så bort fra alle kulturelle og religiøse forskelle og skyndte sig at komme ofrene til undsætning, så hurtigt de kunne. Der var nogle journalister, som spurgte dem, hvorfor de havde rejst den lange vej fra Nordindien til Sydindien. Hertil svarede de: "Da vi blev konfronteret med lidelse og store tab, forsøgte Ammas organisation ikke at forandre vores kultur, religion eller livsform. De viste medfølelse og gav os alt, hvad vi bad dem om. Derfor vil vi altid stå i gæld til dem."

Disse mennesker har traditioner, madvaner og livstilsmønstre, som er fuldstændig anderledes, når man sammenligner med befolkningen i Kerala. De blev inspirerede af, at vores organisation respekterede og anerkendte deres traditioner, og de gav helhjertet den samme accept tilbage til samfundet. Lige siden den gang kommer der altid indbyggere fra landsbyen Bhuj og støtter vores nødhjælpsarbejde, når der er naturkatastrofer i Indien.

Vi har haft tilsvarende oplevelser med nogle af de indfødte befolkningsgrupper i Kerala og andre delstater. Frivillige medhjælpere fra vores organisation rejste hen til landsbyerne, boede sammen med indbyggerne og vandt de lokale menneskers tillid. Derved blev vi i stand til at forstå deres problemer og hjælpe dem til at finde løsninger på dem. De blev så rørte over, at vi ville hjælpe dem og samtidig respektere deres levevis, at de også selv ønskede at give noget tilbage til samfundet. Nu er de begyndt at dyrke ekstra grøntsager, som bruges til at give gratis mad til fattige.

Lad mig endnu en gang citere Amma: "Det er ikke tilstrækkeligt bare at give insulin til en sukkersygepatient. Patienten er også nødt til at lære, hvordan man spiser ordentligt og motionerer, så man kan holde blodsukkeret under kontrol. Det samme gælder, når regeringer i forskellige lande stræber efter at nedbringe fattigdommen. Det er ikke tilstrækkeligt kun at fokusere på fysiske behov for mad, penge og husly. Man er også nødt til at indse vigtigheden af at give næring til sjælen. Sjælens føde er kærlighed. Hvor der er kærlighed, er der ærbødighed. 90 % af de problemer, verden står over for i dag, skyldes mangel på kærlighed, medfølelse og tilgivelse. Ligesom kroppen har brug for mad for at udvikle sig, har sjælen brug for kærlighed, hvis den skal vokse og folde sig ud. En sådan kærlighed vil fremkalde en ærbødig indstilling til livet. Det er det eneste håb for fremtiden."

Fra de antikke skrifter kendes følgende talemåde:

Matru Devo Bhava, Pitru Devo Bhava
Archarya Devo Bhava, Athithi Devo Bhava

Se moderen som gud, se faderen som gud
Se læreren som gud, og se gæsten som gud.

Nogle af de privatejede flyselskaber i Indien omtaler deres passagerer som "gæster", hvilket giver en stemningsfuld oplevelse af gæstfrihed under rejsen. Når man inviterer gæster til at besøge sig, er det så ikke også en del af gæstfriheden at behandle dem med kærlighed og respekt? Man kan forestille sig samme princip gælde i forhold til de ansatte i en virksomhed. Uanset om man har lejet virksomhedens kontor, eller om bygningen tilhører virksomheden, hører det til virksomheden. Selv om man betaler de ansatte, som arbejder derinde, er de så ikke i virkeligheden virksomhedens gæster? Man har inviteret dem til at være der, selvom invitationen i denne sammenhæng er kendt som et "ansættelsesbrev." Hvis man ser ansættelsesforholdet i dette perspektiv, bør man så ikke behandle alle ansatte med respekt og kærlighed og gøre det til en naturlig del af arbejdet? Jeg foreslår ikke, at der skal være underholdning, forlystelse og sammenkomster på daglig basis, eller at ejerne af virksomheden hver dag skal have et nært og hjerteligt samvær med ledere og ansatte. Pointen er, at man i stedet for kun at se de ansatte som dygtige medarbejdere, som man betaler for arbejdet, også skal forsøge at værdsætte deres tilstedeværelse. Man skal udtrykke taknemmelighed over at have dem i virksomheden, når som helst lejligheden byder sig, man skal smile oprigtigt til dem og tale venligt og anerkendende med dem. Det kan også gøre en stor forskel, at man udviser en kærlig omtanke i forhold til deres familie.

Jeg ser det udspille sig på et større plan i Ammas liv. Jeg har været vidne til den omsorg, hun generelt viser over for alle og i særlig grad, når det gælder syge og ældre mennesker. Når Amma går i gang med de personlige møder med alle, der er kommet for at deltage ved et program, spørger hun altid som noget af det første sine medhjælpere: "Har I sørget for, at der bliver taget godt imod de ældre og syge mennesker, som er kommet her? Bed de frivillige om at give dem en særlig prioritet. Giv dem mad og bed deres familie om at sørge for, at de får medicin på de rette tidspunker. Det gælder især, hvis de har sukkersyge eller højt blodtryk. Mødre med små børn skal også have høj prioritet." Ofte tager hun selv mikrofonen og kommer med disse informationer. Bliver det for varmt i løbet af dagen eller for koldt i løbet af natten, beder Amma straks om at få området afskærmet fra solen eller også sørger hun for, at der bliver skruet op for varmen.

Jim Sinegal, som er grundlægger og tidligere administrerende direktør i Costco, gjorde virksomheden til den tredjestørste detailkæde i USA. Før han gik på pension, var han blevet kendt for at behandle sine ansatte på en meget retfærdig måde. Han opbyggede en forretningsmodel, hvor han var i stand til at belønne de ansatte og give dem en række fordele, selvom hans konkurrenter skar ned på de ansattes lønninger. Costco er kendt for at tilbyde lønninger, som ligger over middel til dem, der arbejder i varehusene. Resultatet er mindre udskiftning af personale, færre udgifter til oplæring og en øget familiefølelse i virksomheden. Man behøver ikke at gøre meget for at rekruttere nyt personale, fordi de nuværende ansatte med glæde spreder ordet til familie og venner, når der er en ledig stilling. 86 % af de ansatte har sundhedsforsikringer og fordelsordninger, selvom halvdelen arbejder på deltid og gennemsnitslønnen er 19 dollars i timen. Og i Costco var der ingen afskedigelser under den økonomiske krise. "Det er virkelig ret enkelt. Det er god forretning. Når man ansætter gode folk, og når man sørger for gode stillinger og gode lønninger og en ordentlig karriere, så vil der også ske nogle gode ting," fortæller Sinegal." Vi bestræber os på at viderebringe budskabet om kvalitet i alt, hvad vi foretager os, og vi tror, at det hele starter med mennesker. Det hjælper ikke meget at skabe et image, der handler om kvalitet - uanset om det drejer sig om faciliteterne i varehuset eller om selve varerne - hvis der ikke også findes en høj kvalitet blandt de mennesker, som sørger for kunderne."

Sinegal var et godt eksempel på ydmyghed. Hans kontor befandt sig i indgangen til Costcos Issaquah hovedkvarter i staten Washington. Han havde ikke en dør, som han lukkede. Der var ikke engang en glasvæg mellem ham og resten af staben. Enhver kunne komme forbi og tale med ham når som helst. Han gav også sit mobilnummer til folk, hvorimod de fleste andre direktører plejer at få folk til at ringe til sekretæren, som viderestiller opkaldet. Der var ingen lag af funktionærer omkring Sinegal. Selvom han styrede et detailimperium med en værdi på 76 milliarder amerikanske dollars, var han ærlig, ligetil og nede på jorden. Hans skrivebord var et billigt, Formica-topped foldebord (et af de produkter, som Costco sælger). Ingen fine ting til den mand. Men måske var det vigtigste, at han værdsatte sine ansatte og kunder så meget, at han konstant lyttede til det, de fortalte ham. På den måde var han bedre i stand til at tjene dem.

Når det gælder tidsstyring, kan man spørge, hvordan nutidens travle mennesker kan finde tid til at vise oprigtig respekt og omsorg for alle dem, de arbejder sammen med? Amma er et af de mennesker i verden, som har allermest travlt. Hun arbejder syv dage om ugen og 365 dage om året. Hun arbejder i døgndrift uden at holde en eneste fridag eller ferie. Selvom hun har siddet i timevis og mødt mennesker, bruger hun natten på at læse alle brevene fra folk og komme med personlige opringninger til de frivillige, som arbejder med forskellige godgørende projekter. Når hun trækker sig tilbage til sit eget værelse, fortsætter hun med at planlægge nye projekter og drøfte de igangværende.

Modenhed har intet at gøre med den biologiske alder. Der er stor forskel på at opbygge visdom og at blive gammel. Man opnår kun visdom, når man opløser de negative følelser, som man har opbygget over for andre mennesker, fordi man formår at reflektere ordentligt over disse følelser. Man skal hver dag bruge noget tid på at huske sårede følelser og sår, der ikke er helbredte, og som er påført af nogen, som står en nært eller af andre. Man skal visualisere det menneske foran sig og forestille sig, at man holder en smuk duftende rose i hånden. Man skal forestille sig, at blomstens skønhed fylder hjerte og sjæl. Mens man beder: "Må mit liv åbne sig som denne blomst," kan man ofre blomsten til dem og sige: "Jeg tilgiver dig. Vær god ved mig og tilgiv mig, hvis jeg har gjort noget forkert over for dig."

Visdom opstår gradvist, når man vinder over de negative følelser og lærer at bearbejde dem. Når man hæver sig over fortiden, er det kendt som visdom. Sådan opnår man modenhed. Hvis denne overgang ikke finder sted, vil man blot ældes. Men det er dumt at vente så længe på, at visdom og modenhed udvikler sig. Modenheden kan opstå meget tidligere i livet, hvis man virkelig ønsker det. Som Amma siger: "Ligesom man fortsætter i skole efter børnehaven, og ligesom man spiser og sover, skal det blive en naturlig del af livet at indarbejde og praktisere disse gode værdier."

Kun en moden leder vil være i stand til at vise sin arbejdsgruppe respekt og elske medlemmerne. Respekt og oprigtig interesse i andre mennesker er de to vigtigste kvaliteter, som man skal have, hvis man vil være en god leder. Mange unge ledere har pragtfulde ideer. De er utroligt livlige og entusiastiske. De har de færdigheder, som skal til for at forandre verden. Men de skal også have respekt for andre mennesker. Det er uheldigt, at mange af nutidens unge er kendetegnet ved at udvise manglende respekt for andre mennesker.

Amma siger: "I virkeligheden er ungdommen lives højdepunkt. De unge er hverken børn eller voksne. De unge har uanede mængder af energi. Hvis denne energi bliver kanaliseret på den rette måde, kan de unge træne sindet og få adgang til en uendelig energi, som er tilgængelig i det nuværende øjeblik. Desværre er den del af menneskelivet, som kaldes ungdom, ved at forsvinde. I dagens verden bevæger mennesker sig fra barndommen og direkte ind i voksenlivet uden at modnes. Den manglende modenhed står i vejen for at udvikle kærlighed og respekt."

Her følger et kort og smukt digt af Shel Silverstein, som er forfatter-kunstner, tegneserieforfatter, skuespilforfatter, digter, skuespiller og Grammy-vindende, Oscar-nomineret sanger:

Den lille dreng og den gamle mand

Den lille dreng sagde: "Nogle gange taber jeg min ske."
Den gamle mand sagde: "Det gør jeg også."
Den lille dreng hviskede: "Nogle gange gør jeg mine bukser våde."
"Det gør jeg også," sagde den gamle mand og grinede.
Den lille dreng sagde: "Jeg græder tit."
Den gamle mand nikkede: "Det gør jeg også."
"Men værst af alt er," sagde drengen, "det virker som om,
at de voksne ikke er opmærksomme på mig."
Og han mærkede varmen fra den rynkede gamle hånd.
"Jeg ved, hvad du mener," sagde den lille gamle mand.

Kapitel 14

Ahimsa i praksis

"Hele verden delte sig for mig i to dele: den ene er hende, og der findes al glæde, håb, lys; den anden er uden hende, og der findes nedtrykthed og mørke…"

Lev Tolstoj, Krig og fred

Min tolkning af Lev Tolstojs ord er, at "den ene er hende" refererer til det feminine, mens "den anden er uden hende" refererer til det maskuline. Det er næsten som Ardhanarishwara, (halvt gud og halvt gudinde, de mandlige og kvindelige energier, yin og yang) som er et kendt billede inden for den hinduistiske tro.

Fra et objektivt synspunkt er krig og fred en del af verdens beskaffenhed. Hvis der ikke er nogen ydre konflikt, findes der indre konflikt. Den indre konflikt får den ydre konflikt til at manifestere sig. Det er en ond cirkel. At blive ekstrem i sin praksis af ahimsa (ikke-voldelighed) er upraktisk. Man skal i stedet stræbe efter en ikke-voldelighed, der er til at opnå. Ahimsa er et meget dybtgående princip, men spørgsmålet er, hvordan man kan omsætte denne betydningsfulde dyd i praksis uden at blive hæmmet i at føre sine aktiviteter ud i livet. Man ønsker ikke, at det kommer dertil, hvor folk siger: "Det er en god ide, men den er ikke til at praktisere."

Herren Krishna var et eksempel på, hvordan man kan praktisere den mest fornuftige form for ahimsa. Krigen, som udspillede sig på Kurukshetra-slagmarken, var ikke hans eget eller Pandava-brødrenes valg. Det var andre, som var ansvarlige for krigen. Krigen blev udløst af Duryodhana og hans brødre, der blev rådgivet og påvirket af deres far, som både fysik og mentalt var blind, og af deres ondsindede onkel, Sakuni. De var listige og brugte uærlige metoder til at tilrane sig alt det, som i virkeligheden tilhørte Pandavaerne. De jagede Pandavaerne ud af landet og forsøgte endda flere gange at dræbe de retfærdige brødre.

Da Pandava-brødrene vendte tilbage efter tretten lange år ude i skovene, blev de på uforskammet vis nægtet deres kongerige og andre privilegier. Krishna gjorde sit bedste for at slutte fred mellem de to parter for at undgå krigen og den efterfølgende massive ødelæggelse. Men alle hans anstrengelser var nytteslløse og den onde Duryodhana proklamerede arrogant: "Jeg kan ofre mit liv, min rigdom, mit kongerige og alt, hvad jeg har, men jeg kan aldrig leve i fred med Pandavaerne. Jeg vil aldrig nogensinde give så meget som et lille stykke jord, der kan være i et nåleøje, til dem." Han undskyldte sin egen dårlige opførsel og karakter på følgende måde: "Jeg er sådan, som guderne har skabt mig." På den måde afviste han ethvert forsøg på at slutte fred, og hensynsløst valgte han i stedet at føre krig. Uanset hvor meget rigdom, magt, arrogance og viden, man opnår, vil man på et tidspunkt høste resultaterne af sine handlinger. Det var helt sikkert det, der skete for Duryodhana, da han fik en skånselsløs død.

Har man noget andet valg end at kæmpe, når man nægtes det, der ifølge loven tilhører én? Eller når nogen er opsat på at ødelægge én? Eller er fast besluttet på at smide én på gaden? Uanset om begivenheden fandt sted for 5000 år siden eller i vore dage kan man ikke gøre andet end at kæmpe for sine rettigheder. Hvis man har selvrespekt, kan man ikke vige tilbage i sådan en situation. Det gælder, uanset om det er et individ eller et hvilket som helst land i det internationale samfund.

Mahabarata giver en kraftfuld og praktisk beskrivelse af en situation fra det virkelige liv. Bhagavad Gita beskriver, hvordan

Krishnas råd til Arjuna om at påtage sig sin pligt som kriger blev givet midt i larmen og brølene fra slagmarken. Intet andet sted i menneskehedens historie finder man så lysende et eksempel på ro midt i kaos.

Mahabharata-krigen var ved at begynde. Pludselig blev Arjuna overmandet af en sorg, der var affødt af intens følelsesmæssig tilknytning, og derfor lagde han buen fra sig og nægtede at kæmpe. Man skal huske, at uanset om Arjuna valgte at kæmpe eller ej, var fjenderne fast besluttede på at udrydde Arjuna, hans brødre og hele deres race. Fordi han var overvældet, blev han forvildet og åndsforladt. Han begyndte at filosofere i stedet for at udføre sin pligt og beskytte befolkningen og kongeriget. Midt i denne krise fik Krishna den tilsyneladende umulige opgave at hjælpe Arjuna til at hæve sig over situationen, så han kunne finde troen og modet til at kæmpe og vinde krigen. Livet er fyldt af udfordringer, som kan få mennesker til at opleve en fortvivlelse, der svarer til den Arjuna oplevede. Derfor er det vigtigt, at man har en leder, der er som Krishna.

Ahimsa betyder selvfølgelig, at man ikke skader nogen i ord eller handling. Ahimsa indbefatter, at man afstår fra bevidst at såre nogen og indbefatter også, at man har en ikke-voldelig indstilling over for sig selv. Der findes mennesker, som tolker selve det at plukke en frugt fra et træ som himsa, det vil sige vold. I givet fald kan det at spise en moden frugt, som er faldet ned fra træet også anses som himsa, fordi der findes så mange frugter og grøntsager, hvor man også spiser frøene. Når man spiser frøene, vil man så ikke ødelægge eller skade alle de planter, som kunne have vokset frem af frøene? Selvom det ikke sker bevidst, dræber man så ikke utallige levende væsener, når man går, taler, trækker vejret, drikker eller spiser?

Det er meget sjældent, at der er fridage, når man arbejder sammen med Amma. Uanset om man befinder sig i hovedkvarteret i Kerala eller rejser til andre dele af verden, er det Ammas politik at give maksimalt af sig selv til andre mennesker. Sådan har Amma levet sit liv igennem de sidste 40 år. Følgende begivenhed fandt sted for et par år siden, mens vi var i Schweiz. Det var en af de specielle lejligheder, hvor vi havde en fridag. Den aften gik Amma en tur. Nogle få af os ledsagede hende. På et tidspunkt sad vi i nærheden af en lund med æbletræer. Ejeren var også til stede.

Det var en smuk aften, der var klar og solrig. Vi sad der og oplevede den indre stilhed, mens vi var omgivet af naturens overflod og indåndede den rene luft. Omtrent en halv time forløb på den måde. Så fulgte der en kort samtale, hvor der var én, som spurgte Amma, om der fandtes en løsning på de nuværende problemer i verden. Amma svarede: "Formuleret med et ord er det 'kærlighed'. Hvis man skal bruge to ord er det "kærlighed og medfølelse". Hvis man tilføjer et ekstra ord er det "tålmodighed". Med disse ord kan man løse de største problemer i verden. Man skal lade disse positive egenskaber få en afgørende indflydelse på sit liv. I virkeligheden er det nok at praktisere én af disse positive egenskaber, og så vil alle de andre følge i kølvandet."

Da vi var ved at rejse os op og gå, ønskede Amma pludselig at give noget til alle, der var med. Da vi ikke havde noget andet, var der en, som foreslog, at Amma skulle plukke et par æbler og dele dem ud til os alle sammen. Amma rejste sig og rørte varsomt og kærligt ved træet, mens hun kærtegnede det. Så samlede hun hænderne og bøjede sig for træet, mens hun sagde: "Vis godhed og tilgiv mig, fordi jeg tillader mig at plukke et par æbler..." Hun ventede et par sekunder, og det var som om, hun ventede på, at træet gav sin tilladelse, inden hun varsomt plukkede nogle få fuldmodne frugter. Før Amma igen satte sig, bøjede hun sig endnu en gang for træet.

Inden hun gik sin vej, tog Amma nogle blomsterblade og ærede træet. Hun lånte en vandflaske fra en af dem, som var med i gruppen, og hældte lidt vand ned ved træets fod: "Din villighed til at dele alt med andre gør dig så smuk. Må dit eksempel blive husket og må alle, som kommer her, blive inspirerede af det." I en af Ammas taler sagde hun: "At beskytte, bevare og frem for alt beskytte naturen var en dybt indgroet del af mange oprindelige kulturer. Vi savner den ærbødighed i dag. Det er en holdning, der er præget af medfølelse, og vores forfædre havde en sådan indstilling i forhold til alle livsformer. Det er den vigtigste årsag til, at vores forsøg på at bevare naturen ikke altid er vellykkede."

Sand ahimsa indfinder sig, når kærlighed strømmer over og i praksis udtrykker sig som medfølelse. Der findes visionære mennesker inden for næsten alle områder, hvor man kan opnå viden. Men det man virkelig mangler er mennesker, som har et "visionært perspektiv" på selve livet, og som oplever en større vision i arbejdet for det fælles bedste.

Lederskab med medfølelse skal ikke misforstås og tolkes på følgende måde: "Lad være med at handle. Hold munden lukket og se bort fra alle ydmygelser og uretfærdige handlinger, som bliver gjort over for dig eller andre." Det er snarere en frygtløs indstilling, hvor man udviser en ekstraordinær evne til at forblive årvågen og mentalt vågen i alle livets situationer. En leder, der har medfølelse, vil altid være ledsaget af lyset, som findes i kvaliteter som sand dømmekraft, skelneevne og modenhed.

Da Amma begyndte at modtage alle mennesker med en omfavnelse, var der i starten mange i hendes familie, som protesterede og misbilligede det. Set fra én vinkel var deres misbilligelse forståelig, fordi en ung pige, som omfavner alle mennesker i alle aldersgrupper uanset hvilket køn, der er tale om, ikke var en del af kulturen. De frygtede, at det ville give et dårligt omdømme og forvolde uoprettelig skade på hele familien, inklusive dens slægtninge. En af deres største bekymringer var, at ingen fra en familie med et godt ry ville fri til pigerne i familien.

Da alle deres anstrengelser for at få Amma til at standse sin "mærkelige adfærd" ikke virkede, tog en af hendes fætre hende med ind i et værelse, hvor han løftede en kniv og truede med at dræbe hende, hvis hun ikke holdt op med at omfavne folk. Amma var uanfægtet og gav sig ikke en tomme. Hun sagde roligt til ham: "Dræb mig, hvis du ønsker at gøre det. Uanset hvad, holder jeg under ingen omstændigheder op med at gøre det, jeg gør. Jeg ønsker at vie mit liv til verden, og jeg ønsker at give omsorg og trøst til de mennesker, som lider. Det vil jeg gøre helt indtil mit sidste åndedrag. Jeg overgiver mig fuldstændigt til denne sag." Som Mahatma Gandhi med rette observerede: "Et "nej", som kommer fra den dybeste overbevisning er bedre end et "ja", som kun siges for at behage eller endnu værre for at undgå vanskeligheder."

Når man ser nogen, uanset hvem det er, som på denne måde er urokkelig modig og frygtløs, selv ansigt til ansigt med døden, vil den person, som angriber, pludselig føle sig svag og afvæbnet. Det gælder, uanset hvor ond vedkommende er. Ammas fætter forlod værelset i fuldstændig desperation, efter at han havde oplevet hendes viljekraft og fastheden i hendes ord.

Da han nogle måneder efter blev syg, besøgte Amma ham på hospitalet. Hun sad ved siden af ham, gav ham mad og talte kærligt og omsorgsfuldt til ham. Han angrede meget. Ammas besøg og hendes kærlige ord hjalp ham til at åbne sig. Manden tilstod, at han havde begået en fejl og undskyldte den. Amma fik ham til at føle sig glad og få indre ro. Kun et menneske, der ikke frygter noget, kan tilgive, og et tilgivende menneske vil altid være uden frygt. Man kan i virkeligheden ikke være en god leder, medmindre man er i stand til at tilgive. At tilgive er at glemme fortiden.

Man ser i dette hændelsesforløb et enestående eksempel på tilgivelse og frygtløshed. Når en leder på denne måde er som et kraftfuldt lys, der kan oplyse en hel by, vil dem, der følger lederen, stræbe efter i det mindste at være som et lille stearinlys.

Under tsunamien i 2004 viste Amma, at hun var et fuldstændig frygtløst menneske. Selv dygtige svømmere og erfarne fiskere, som ofte var ude at sejle på det dybe hav, blev grebet af frygt, men Amma gik lige ned i vandet fra oversvømmelserne. Der kunne være kommet endnu en bølge når som helst, men Amma var ikke det mindste optaget af sig selv. Hun var kun optaget af de andre mennesker.

"Lad os ikke bede om at blive beskyttet fra fare, men om at være frygtløse, når vi står ansigt til ansigt med den."

Rabindranath Tagore.

Kapitel 15

Forskellen mellem at være aggressiv og assertiv

Verdens nuværende betingelser ville ikke være så vanskelige, som de er blevet i dag, hvis vores bedsteforældre havde været vise nok til at træffe de rette beslutninger. Vi høster frugterne af deres handlinger såvel som frugterne af vores egne fejltagelser. Når det er sagt, skal man også huske, at det helt sikkert vil påvirke de fremtidige generationer, hvad man end gør nu. Det er tydeligt, at vi i øjeblikket ikke statuerer et godt eksempel for de kommende generationer. Mange kan ikke lade være med at overveje konsekvenserne: "Hvad er der i vente for vores børn og børnebørn?"

Med en afsindig arrogance har vi allerede gjort uoprettelig skade på naturen og hele menneskeheden. Uanset hvor man kommer hen, finder man mennesker, som har indstillingen: "Jeg er den udvalgte." Tilbøjeligheden kan findes hos en nyansat politimand, en netop nystartet ung leder, professionelle, kunstnere, arbejdere og endda blandt spirituelle søgende og åndelige ledere. Der mangler aldrig mennesker, som har holdningen: "Hvem er du, som tror, at du kan lære mig noget?"

Når jeg har observeret andre menneskers adfærd, har jeg lagt mærke til, at der findes tre typer egoistisk adfærd: ekstrem egoisme, diplomatisk egoisme og ydmyg eller subtil egoisme. Det er let at genkende ekstremt egoistiske mennesker. De udtrykker det på en helt enkel måde. Det er deres natur at gøre det. Man kan ikke gøre meget ved det, men man kan tage nogle forholdsregler og beskytte sig selv. Det er heller ikke vanskeligt at genkende egoistiske mennesker, der blot er det på en diplomatisk måde. Lige under overfladen er deres ego parat til at springe op. Men de ydmygt egoistiske mennesker er ikke lette at opdage. De bærer næsten konstant en maske, som holder dem fra at blive opdaget. Deres måde at kommunikere, deres ordvalg, stemmeføring og ydre fremtoning udstråler en ydmyghed, som er meget vildledende. Denne type personligheder er langt farligere end dem, som tydeligt udtrykker deres ego. Desuden er deres ego ofte subtilt, men det har en større intensitet end det ego, man finder i de to andre grupper.

Amma siger: "Arrogance er som en morgenblomst. Fuld af stolthed står den på planten og fortæller hele verden: "Se på mig. Se min skønhed. Jeg er den bedste af alle skabninger." Men ved solnedgang er den fuldstændig nedslået, udmattet og ude af stand til at påstå noget. Den hænger med hovedet før den falder af planten."

Et menneskes personlighed er indbygget i systemet. Nogle af disse stærke tendenser, adfærdsmønstre og vaner er medførte, mens andre udvikles og opdyrkes. Sagt med videnskabelige begreber: "Det ligger i menneskets gener". I den situation er der ikke meget, som kan gøres ved det udefra. Forandringen må finde sted indefra.

Peter Drucker siger: "For at være i stand til at styre sig selv, må man i sidste instans spørge: "Hvad er mine værdier?" Etik fordrer, at man stiller sig selv spørgsmålet: "Hvilket slags menneske ønsker jeg at se i spejlet om morgenen?"

Det er et faktum, at mange kompetente ledere besidder en svaghed, hvor de ikke er i stand til at skelne og derfor opfører sig på en arrogant måde. Det gør problemet virkelig udfordrende, at personen, som evaluerer sig selv, anser den arrogante indstilling for at være et plus snarere end et minus. En leder, som er ude af stand til at kontrollere sin arrogance, forpasser ofte mange fantastiske chancer.

Jeg har set, hvordan Amma håndterer mennesker, som er sådan sammensat. For et par år siden befandt jeg mig i lufthavnen i Detroit i Michigan, hvor jeg mødte en mand i loungen. Han var der sammen med sin familie. Han var en højtstående leder i en af de multinationale virksomheder i Detroit. Sammen med sin familie var han på vej til Kerala i Indien, hvor han var født og vokset op. Han og jeg havde en temmelig lang samtale, selvom vi aldrig havde mødt hinanden før. I virkeligheden var det en monolog, for det var især ham, der talte. Mens han fortalte sin historie, understregede han gentagne gange med stolthed, at han var ateist. Netop fordi han så ofte understregede, at hans position som ateist var urokkelig, fik jeg en oplevelse af, at han måske alligevel ikke var helt overbevist. For at være helt ærlig, voksede min fordømmelse, jo mere han fortsatte med at tale og tale. Samtalen nåede til et punkt, hvor jeg ikke længere kunne udholde hans påtagede stolthed og arrogante holdninger. Så huskede jeg et citat, som stammer fra Albert Einstein: "Det, der adskiller mig fra de fleste såkaldte ateister, er en følelse af fuldstændig ydmyghed og ærbødighed over for de uopnåelige hemmeligheder bag harmonien i kosmos."

Mens vi talte sammen, kom Amma ind i loungen. Det er en unik egenskab ved Ammas personlighed, at ingen situation virker fremmed for hende, uanset om hun befinder sig i et andet land og er sammen med mennesker fra en anden kultur. Hun tillagde på ingen måde sig selv nogen vigtighed. Som altid var det enkelt og naturligt.

Så snart min "ateist-ven" opdagede, at Amma kom ind, forsvandt smilet fra hans ansigt. Fordi jeg stod ved siden af ham, kunne jeg på mandens kropssprog fornemme de fjendtlige vibrationer, han udstrålede. Han trådte hurtigt et par skridt tilbage, men Amma var hurtigere. Med et smil på ansigtet lagde hun hånden på mandens skulder og spurgte: "Er du fra Kerala?"

Han så over på mig. Jeg smilede til ham. Når nogen, man anser for "mærkelig eller underlig" på en naturlig måde udtrykker accept over for en, er det vanskeligt at forblive sammenbidt. Det er, som når et barn smiler til en. Man kan ikke lade være med at smile tilbage, selvom barnets forældre hører til ens fjender. Manden virkede lidt forbløffet over Ammas "usædvanlige adfærd". Han var nødt til at svare på Ammas spørgsmål: "Ja, det er jeg." Det blev fulgt af et andet spørgsmål: "Er du fra Trissur?"

Manden var synligt overrasket over, at Amma var i stand til at genkende hans fødeby, og han svarede: "Hvorfra kan du vide det?"

"På grund af din dialekt," svarede Amma.

"Hvor længe har du boet her i USA?"

"Kun fem år."

På det tidspunkt havde hans kone og to børn også nærmet sig. Amma smilede til dem og spurgte manden: "Er det din familie?"

"Ja."

Amma bad de små piger om at komme hen til sig. Hun omfavnede dem og kyssede dem på kinden. Da konen så det, lagde hun spontant sit hoved på Ammas skulder. Hun fik også en varm omfavnelse.

Manden så på mig, men hans øjne var anderledes og udtrykket i dem virkede ikke længere som det, han tidligere havde mødt mig med. Der var kommet en gnist af lys i dem. For at gøre en lang historie kort blev han og familien siddende ved siden af Amma, lige indtil de skulle ud af loungen for at nå deres fly. Før han forlod rummet, ønskede han også selv at få Ammas omfavnelse.

Det endte med, at manden til sidst fjernede den falske maske, han indtil dette punkt havde gemt sig bag. Han begyndte i stedet at lytte på en interesseret og fokuseret måde til det, Amma sagde. Men inden det skete, havde Amma meget opmærksomt og tålmodigt lyttet til alt det, han selv fortalte om sine ateistiske overbevisninger, sin familiebaggrund og tidligere forbindelser til andre mennesker.

Det var først, da han havde talt til ende, at Amma sagde: "Jeg er enig i det, du siger, men jeg vil virkelig beundre et menneske, som uanset hvilke antagelser, det har, føler med de mindre heldigt stillede og er villig til at give en hjælpende hånd til de fattige og trængende. Det er i orden at have politiske overbevisninger. Vær ateist, men vær menneskelig og bevar troen på de menneskelige værdier. På samme måde som alle politiske partier, har spiritualiteten også det formål at tjene medmennesker, de fattige og de undertrykte. Det er næsten umuligt at undgå at begå fejl. Men må ens tilbøjeligheder og standpunkter gøre mindst mulig skade på en selv og samfundet og gøre mest mulig gavn for begge."

Pludselig forandrede manden sin indstilling. Han så i hvert fald helt anderledes ud. Det tilknappede i ham virkede til at være forsvundet. Da han var på vej ud, fortalte han mig: "At møde hende var virkelig en oplevelse. Det gjorde indtryk på mig at opleve, hvor enkel og fordomsfri hendes indstilling til tingene er. Det var faktisk mig, der fordømte hende. Det er jeg ked af. Vi vil helt sikkert mødes igen."

Jeg er ikke sikker på, om denne forandring vil have nogen varig indflydelse. Pointen er, at mødet havde en kraftig indvirkning på denne mand og kunne blive begyndelsen til et nyt kapitel i hans liv. Men for at det kunne ske, var Amma først nødt til at have en åben og ikke-dømmende holdning.

Jeg har været vidne til, hvordan Amma taler med andre mennesker med lignende indstilling, som ofte er intellektuelle, videnskabsfolk og ikke-troende. Hun lytter til hver eneste del af det, de ønsker at sige. Hun begynder først at tale, når de er færdige med at udtrykke deres synspunkter. For det meste begynder hun med at sige: "Det, du siger er rigtigt. Jeg er enig, men..." Så fortæller hun, hvordan hun ser på emnet.

Det er en umådelig effektiv tilgang, som enhver professionel kan eksperimentere med. Denne teknik kan virkelig skabe mirakler. Vær tålmodig og giv det andet menneske indtryk af, at du er oprigtigt interesseret i at lytte. Folk har for det meste ingen vanskeligheder ved at åbne sig for Amma, fordi de får oplevelsen: "Her er der en, som værdsætter mine meninger og synspunkter. Hun er den rette person at kommunikere og arbejde sammen med. Hun forstår mig."

Man kan tale med hver eneste af de ansatte, som arbejder i Ammas institutioner og med alle blandt det store antal frivillige, som tjener i organisationens omfangsrige humanitære foretagender. Man kan lytte til deres historier. En enkelt tråd binder hele denne gruppe mennesker sammen: det personlige bånd til deres leder. Det minder mig om et citat af Amma: "Kærligheden er vores sande essens. Kærlighed har ingen begrænsninger i form af kaste, religion, race eller nationalitet. Vi er alle perler, som er samlet på samme tråd af kærlighed." Fordi kærlighed er den vigtigste ingrediens, er forbindelsen spontan. Relationen udfolder sig naturligt. Det sker så naturligt, at hvert menneske når et punkt, hvor det indser: "Det her er, hvad jeg ønsker. Denne ledsager vil nære min sjæl og helbrede min krop og mit sind."

Jeg undrer mig stadig over, hvordan det er muligt for Amma at tiltrække alle disse mennesker fra forskellige professioner og livsbaner. De kommer fra hele verden for at tjene organisationen. Det forbliver et ubesvaret spørgsmål for mig, men jeg lægger også mærke til, at selvom disse mennesker ikke har søgt navn og status, får de i organisationen nogle muligheder, de ikke ville have fået, hvis de var blevet i deres tidligere positioner i deres hjemland. Under navnet Amrita og i Ammas navn får de forbindelse til eksperter fra hele verden, og mange af dem er faktisk ved at blive kendte i deres Amrita-roller.

De ser også, at Amma er retfærdig helt indtil kernen af tingene, og at hun ikke har nogen andre skjulte motiver. Folk får en direkte og mærkbar erfaring af hendes mål, som ene og alene er at tjene samfundet uselvisk gennem en lige fordeling af rigdom. Det gælder både den indre rigdom af kærlighed og medfølelse og den ydre rigdom af resurser. Derfor kan de uden anstrengelse og tøven træffe beslutningen om at arbejde for den samme sag.

Jeg mener hermed ikke, at der ikke opstår nogen problemer. Der er gnidninger. De dukker op nu og da, men der findes altid en løsning. For det meste bliver problemerne løst ved et enkelt og uformelt møde eller en samtale. Frem for alt er Amma altid tilgængelig, hvis det er nødvendigt, uanset hvilket tidspunkt på dagen eller natten, det drejer sig om. Hun er en kraftfuld katalysator og udgør det medium, som forbinder os alle sammen. Hvert eneste individ i vores organisation forbinder sig spontant med Amma, uanset hvad deres status eller rolle er. Uanset hvilket problem, der opstår, vil det finde en afslutning, når det bliver bragt op til Amma. Det er grænsen for, hvor langt problemet fortsætter. Der er ikke noget, der går videre.

Amma er rektor for Amrita Universitet, og måske den eneste rektor, som er tilgængelig for alle. Alle klager, forespørgsler og problemer kan gives direkte videre til hende, uanset om de er af personlig eller professionel art.

Når det er nødvendigt, er Amma assertiv. Men hun er hverken aggressiv eller arrogant. Aggression og assertion er to forskellige psykiske tilstande. I hverdagens sociale samspil hører man ofte folk sige: "Jeg var bare assertiv." Ser man nærmere på situationen, var de i virkeligheden krigerisk og aggressivt indstillede over for andre. De var ikke assertive.

For det meste har en aggressiv indstilling en skjult agenda. Der er et personligt mål, der skal opfyldes. Det vidner om, at man føler, at man selv er vigtig i stedet for at føle, at man har tillid til sig selv. Assertion er et træk, som vidner om, at et menneske er selvsikkert og hviler i sine erfaringer. Sagt med andre ord er en aggressiv holdning det ydre udtryk for et umodent ego. I modsætning hertil vidner assertion om et mere modent ego. Aggression er overvejende en uvenlig indstilling, hvor man ikke er modtagelig, og hvor man virker frastødende på andre mennesker. Assertion er en kultiveret indstilling, der virker tiltrækkende på andre mennesker. Der er en stor forskel på de to. Den første holdning tager ikke andre i betragtning: "Uanset hvad målet er, ønsker jeg at vinde og opnå noget. Jeg er ligeglad med, om du får noget eller ej, punktum."

På den anden side vil et assertivt menneske høfligt tage andre menneskers holdninger i betragtning. Det kan vise sig på varierende måder og på et lavt, middel eller højt intensitetsniveau. På samme måde kan aggression udtrykke sig på et lavt, middel eller højt intensitetsniveau, som afhænger af det enkelte menneskes modenhed og forståelsesniveau.

Jeg har erfaret, at Amma er en unik leder, som står fast på en taktfuld og assertiv måde og samtidig er modtagelig på en medfølende måde. Jeg oplever, at hun er "hård som en diamant og blød som en blomst." Hun strømmer som en flod og står som et bjerg. Hun har en speciel og usammenlignelig evne til at skabe kontakt med andre mennesker, som både gælder i det ydre og det indre. Om sine omfavnelser fortæller Amma: "Det er ikke kun en fysisk omfavnelse, hvor to kroppe mødes. Det er en ægte kontakt, hvor hjerterne mødes." Kommunikationen på hjertets niveau er nøglen til at etablere kontakt.

Det er sjældent, at man oplever Amme udtrykke sig på en meget kraftfuld måde. Men når en katastrofe rammer, og når ting er kritiske, intensiverer hun den energi, som hun lader strømme ud i omgivelserne. I det øjeblik lader Amma den assertive energi dominere. Men det skal pointeres, at Amma kontrollerer hastigheden og aldrig tillader den aggressive energi og overvinde hende eller hendes arbejdsgruppe.

Jeg selv og tusindvis af andre mennesker fra hele verden, som tjener samfundet under Ammas lederskab, oplever, at disse "højenergi-niveau-scenarier" udsender bølger af positive vibrationer og er en kilde til kolossal inspiration. Det er ikke realistisk at sige, at disse situationer ikke er anspændte. Men selv midt i de mest utrolige forehavender er Amma i stand til at skabe en følelse af dyb tilfredshed og begejstring i medlemmerne af arbejdsgruppen, som derved kommer til at opleve, at de har hjertet med i det, de gør. Folk arbejder af inspiration og kærlighed og ikke på grund af tvang og frygt. Selvom man kan være fysisk træt, er sindet og entusiasmen opvakt.

Amma har forskellige tilgange til at styre en hvilken som helst situation. Alt afhængig af omstændigheder og forudsætninger og med hensyntagen til de involverede menneskers kultur og personlighed, anvender hun den plan, som er mest egnet til at afslutte opgaverne så hurtigt som muligt og på en omkostningsbesparende og effektiv måde. Amma styrer kriser og katastrofer på en helt anden måde end andre situationer, hvor hun tager initiativ til samtaler, der går i detaljer. Amma tager fuldstændig kontrol over situationen. Hun kommer selv med alle anbefalinger, og hun styrer utrætteligt planlægningen og implementeringen, mens hun afstår fra at spise og sove. Hun er dygtig til at administrere styringssystemer, der er kendetegnet ved både høj, middel og lav hastighed. Hun ved også, hvornår hun skal sætte foden ned.

Efter Karnataka (Raichur) oversvømmelserne i 2009, besluttede vores organisation at bygge 2000 huse som en del af rehabiliteringen i området.

Den 27. november blev der offentliggjort en plan om at iværksætte en nødhjælps- og rehabiliteringspakke til en værdi af 10,7 millioner dollars, der var rettet mod dem, som var påvirket af oversvømmelserne. Amma sendte en gruppe op til stedet for at vurdere ødelæggelserne. De vendte tilbage med navnet på en landsby, som ikke havde fået tilbudt nogen hjælp. Amma tilbød herefter rehabilitering til denne landsby. Sådan begyndte genopbygningen i Dongrampura (Raichur distriktet), hvor der blev bygget tusind huse og sørget for veje, parker, elektricitet, vand og et forsamlingshus.

Den 16. januar rejste et hold med 14 frivillige medhjælpere til Raichur, hvor de ankom midt under en solformørkelse. Selvom man ifølge de lokale traditioner skal undgå at se på solen og holde sig indendørs, når der er solformørkelse, gennemgik de frivillige området uden tøven, og de besøgte stedet, der skulle genopbygges, og mødtes med repræsentanterne for den offentlige administration. Dagen efter var papirarbejdet afsluttet og samme dag blev det omfangsrige genopbygningsarbejde påbegyndt.

Amma vejledte gruppen: "Gør arbejdet hurtigt færdigt. Super hurtigt..." Gruppen lod "hastighed" være deres mantra. De arbejdede bogstaveligt talt nonstop, selvom temperaturen om dagen var oppe på 45 grader. Halvdelen af dagen var der lukket for vand og elektricitet. Trods disse vanskelige betingelser byggede de frivillige de første 100 huse på 20 dage. De havde opfyldt deres leders drøm om hurtigst muligt at hjælpe dem, der var blevet hjemløse under katastrofen.

Dette genopbygningsmirakel slog alle rekorder. Overalt i delstaten blev denne præstation mødt med stor beundring. Indsatsen blev mødt med stor anerkendelse blandt de offentligt ansatte, i erhvervslivet, i gruppen af butiksejere og blandt undervisere og elever. Regeringen lavede en PowerPoint præsentation af den utrolige indsats, som havde til formål at inspirere andre NGO'er. Repræsentanter fra de andre organisationer kom kørende for at se det med egne øjne. Der blev bragt artikler med anerkendende omtale af projektet i dagspressen. Regeringens ministre og højtstående administrative ledere fremhævede projektet under taler og i andre offentlige sammenhænge.

Karnatakas statsminister fortalte alle om, hvordan MAM blev involveret i dette samarbejde med regeringen. "Den 15. januar indgik MAM en aftale med regeringen. Inden for 20 dage havde Ammas organisation opført 100 huse og nøglerne blev overleveret til mig. Jeg er meget taknemmelig over Ammas indsats. Dette vil inspirere andre donorer til at færdiggøre deres projekter med den samme hastighed og iver."

Nøglerne til 242 yderligere huse blev afleveret til den taknemmelige statsminister i Karnataka den 4. august 2010 under Ammas program i Bangalore. Nye rekorder blev overgået igen og igen, indtil alle de tusind huse var blevet opført på tre forskellige byggepladser.

Er lederskab med medfølelse overlegent? Mit svar er "ja", fordi en medfølende leder tager ansvar for at hjælpe andre uden at være blevet bedt om det. Disse ledere behøver ikke at gøre det, men det er deres natur, og derfor kan det ikke være anderledes. De er helt blottet for selviske interesser og har ingen frygt, mens de udfører det arbejde, de påtager sig for samfundets skyld og for at gavne de fattige og trængende. De er fri for ambivalens, når det drejer sig om deres mission med livet. Frem for alt har de ingen forventninger og heller ingen egennyttige interesser. De anser helt enkelt denne samfundstjeneste for at være deres ansvar. Det er sådan Amma er. Hun tænker mindre på sig selv og mere på andre levende væsener. Hun har en dybtgående forståelse af livet og af, hvad der foregår i folks hjerter. Hun kan uden nogen form for anstrengelse håndtere enhver situation, hun står over for, fordi hun er uden ego.

Amma er den type leder, som personligt kommer ud i marken, smøger ærmerne op og ikke går af vejen for at påtage sig et hvilket som helst arbejde. Denne fem fod høje kvinde nedbryder alle barrierer. Hun blev født og opdraget i en afsides beliggende landsby i Sydindien og har skabt en revolution i de konventionelle systemer. Amma skænker en ny og dybere dimension af kærlighed til verden. Hun viser verden, hvordan kærligheden skal udtrykkes, hvordan dens kraft kan transformere, og hvor vital denne kraft er for menneskelivet.

Ingen bad Amma om at tjene samfundet eller om at hjælpe de fattige og trængende. Ingen bad hende om uophørligt at sidde og lytte til andre mennesker i timevis eller om at påtage sig et gigantisk humanitært arbejde. Hun gør det, fordi det er som åndedraget i hendes liv. Og hun får os alle sammen til at opleve, at vi også kan gøre det samme, når blot vi gennemfører små forandringer og justeringer i vores liv.

> *"Hold dig fra mennesker, der nedgør dine ambitioner. Små mennesker vil altid gøre det, men de virkelig store får dig til at føle, at du også kan blive stor."*
>
> Mark Twain

Kapitel 16

Urokkelige overbevisninger og øjeblikkelige beslutninger

"Den menneskelige medfølelse binder os sammen – ikke i medlidenhed eller i en patroniserende indstilling til andre, men som mennesker, der har lært, hvordan vi skal vende vores fælles lidelse til et håb for fremtiden."

Nelson Mandela

Amma har påtaget sig et meget omfangsrigt netværk af aktiviteter for at tjene samfundet både i Indien og i udlandet. Men det er stadig tsunamien i Sydøstasien i 2004, der udmærker sig som det største og mest uovertrufne vidnesbyrd om, hvordan Amma formår at organisere sin indsats på en kompetent og smidig måde. Uden at forbigå en eneste detalje styrede Amma egenhændigt hele evakueringen, organiseringen af nødhjælp og rehabiliteringen. Hendes nødhjælpsarbejde demonstrerer, hvordan man samvittighedsfuldt kan agere på en konstruktiv måde i en krisesituation. Fra disse erfaringer kan man høste en stor indsigt i styring af krisesituationer, resurser, økonomi og tid såvel som en dybere forståelse af, hvordan man træffer intuitive beslutninger og vigtigst af alt styrer en stor gruppe mennesker på en hensigtsmæsig måde.

Tsunamien i 2004 dræbte tusindvis af mennesker i Sydindien, Indonesien, Andaman Nicobar Øerne og Sri Lanka. Igennem hele processen kom Ammas proaktive lederegenskaber, hendes iboende medfølelse og hendes store retfærdighedssans meget tydeligt til udtryk. Det tog næsten to år at fuldføre hele rehabiliteringen.

I denne periode overvågede Amma ikke alene MAMs tsunamiaktiviteter. Hun superviserede samtidig også alle små og store aspekter af de humanitære og uddannelsesmæssige projekter i hendes NGO.

Det skete pludseligt: På et øjeblik rev de gigantiske bølger alting væk. Først så man bølgerne glide mere end en kilometer ud i oceanet. Det var et smukt syn, der afslørede det glimtende hvide sand under havet. Det så ud, som om hele kysten var dækket af bittesmå hvide perler. Hundredvis af beboerne i vores center og de lokale landsbyer stimlede sammen for at betragte det vidunderlige scenerie. Men da Amma hørte om det, vidste hun, at det ikke var et godt tegn. Hun bad omgående alle om at vende tilbage til centret og instruerede derpå tusindvis af mennesker i, hvordan de kunne søge tilflugt oppe i de øverste etager af vores bygninger. Efter få minutter begyndte de gigantiske bølger at rejse sig, mens de slugte huse og uskyldige mennesker, heriblandt børn og kvinder. På et øjeblik forsvandt alt og blev opslugt.

Amma afsluttede med det samme sine omfavnelser af de mennesker, der var kommet for at møde hende, og begyndte omgående evakueringsprocessen. Indhyllet i et gult tørklæde gik hun ned i vandet og vadede gennem det, mens hun gav ordrer til de tusindvis af mennesker, heriblandt fastboende på centret og landsbyboere, der havde søgt tilflugt. Overalt herskede der panik og stor forvirring. Mødre med babyer, små drenge og piger, der ledte efter deres forældre, de ældre, syge og handicappede… det virkede overvældende og umuligt at få kontrol over.

I en sådan situation, hvor folk er fuldstændig bestyrtede, er et "one-(wo)man show" påkrævet, og hvis det håndteres på en intelligent og fornuftig måde er det den eneste metode, som vil fungere. Talemåden "for mange kokke fordærver maden" er en meget illustrativ påmindelse om, hvad en sådan situation kræver. Ud fra et ledelsesperspektiv kan man kalde det for "autokratisk eller autoritært lederskab". Der er både fordele og ulemper ved en sådan ledelsesstil. Men i en så kaotisk situation er det nødvendigt, at en tydelig leder, som har stor erfaring og tillige adgang til en viden, som andre i gruppen ikke kender, hurtigt kan overtage styringen og egenhændigt stå for at gennemføre de tiltag, som er påkrævede.

Amma vadede konstant rundt nede i vandet, mens hun evaluerede omfanget af ødelæggelserne og de risici, der var forbundet med at befinde sig på stedet. Samtidig instruerede hun alle i at skynde sig over til færgen. Både dem, som tilhørte centret og de lokale indbyggere i landsbyerne var parate til at sejle alle over til fastlandet. Hun havde også omgående sørget for at Amrita Universitetets campusområder og MAMs skoler blev omdannet til nødhjælpslejre.

For at øge sikkerheden under evakueringsprocessen havde Amma bedt os om at binde stærke reb, som var lavet af fibrene i kokosnødder, rundt om de nærmeste faststående bygninger. Rebene blev derfra bundet rundt om kokospalmerne og på vejen hen til båden, instruerede hun alle i at holde godt fast om rebet, mens de gik derhen. Hun sørgede personligt for, at alle medlemmer i hver familie var samlet, før hun sendte dem med bådene over floden. Hun vidste, at hvis de ikke kom samlet afsted, kunne de måske senere have svært ved at finde hinanden og vide, om deres nære og kære var kommet i sikkerhed. Beboerne i landsbyen, patienterne i NGO'ens velgørenhedshospital, de besøgende og alle dyrene, inklusive elefanterne blev sendt af sted som de første, og til sidst blev beboerne i centret evakueret. Amma var den sidste person, der forlod stedet, og hun nåede først over til fastlandet ved midnatstid. Hun blev i den samme bygning som alle flygtningene.

Dagen efter katastrofen begyndte de frivillige, som nu var blevet flyttet over på universitetets campus-område at lave 10.000 måltider tre gange dagligt til alle, som opholdt sig i nødhjælpslejrene. AIMS, som er MAMs hospital, etablerede lægehjælp og kørte i døgndrift rundt i alle nødhjælpslejre. Her befandt der sig en gruppe læger, sygeplejersker og assisterende sundhedspersonale, som sørgede for medicin, udstyr, ambulancer osv. Samme type indsats blev også organiseret i Nagpattinam i Tamil Nadu, som var et af de hårdest ramte områder på Indiens østkyst.

Regeringen etablerede tolv nødhjælpslejre i det omgivende område til de mange mennesker, der var blevet evakueret. Også her sørgede MAM for mad, tøj, tæpper og lægehjælp.

I løbet af de følgende dage var alle i landsbyen dybt prægede af sorg. Stemningen var præget af sørgende og grædende mødre, gifte mænd og kvinder, der havde mistet deres ægtefælle, og børn der havde mistet deres forældre. En massebegravelse blev afholdt. Da ilden fra ligbålene var brændt ud, så man folk sidde midt i de spredte ruiner. Fremtiden var uvis, og frygten strålede ud af deres øjne. De gigantiske bølger havde taget alle deres drømme og ønsker med sig. En hel landsby stod nu tomhændet foran livet. Indbyggerne i landsbyen var blevet fuldkommen hjælpeløse og ødelagte.

Amma er en leder, som både forstår andres smerte og glæder, og hendes primære indsats var rettet mod at trøste folk, hvilket måske er det sværeste at gøre efter en ødelæggelse af så stort et omfang. En naturlig leder ved, hvor kraftløse og overflødige ordene kan være i de øjeblikke, hvor sorgen er så dyb. I løbet af de første dage sørgede Amma ikke kun for de basale nødvendigheder, hun var også helhjertet til stede og delte indbyggernes smerte. Hun græd sammen med folk, holdt dem tæt ind til sig, trøstede dem og tørrede tårerne af deres kinder. Hele dagen lang og hver eneste dag havde Amma individuelle møder med de mange mennesker, der var ramt af dyb sorg, og om natten vejledte hun over telefonen de frivillige og beboerne om, hvordan de skulle forholde sig til de ansvarsområder, hun havde givet dem forskellige steder. Den personlige rådgivning og oprigtige omsorg, hun viste beboerne i landsbyen, hjalp dem til at føle sig mere trygge og igen se et håb forude.

Amma var en uforlignelig inspirator, som uafbrudt gennem sine ord og handlinger guidede de frivillige. Med hjælp fra en stor flok dedikerede frivillige kunne vores NGO på ni dage færdiggøre de midlertidige opholdssteder til ofrene, mens det tog månedsvis for regeringen at nå det samme mål.

En uge efter tsunamien vendte Amma, som havde opholdt sig på fastlandet i en af universitetets opholdsrum, tilbage til det spirituelle center. Selvom der ikke var nogen døde blandt beboerne, var hovedkvarteret for NGO'en hårdt ramt af tsunamibølgerne. Næsten alle computere og printere var beskadigede. Hele lageret af grøntsager, ris og andre fødevarer var enten blevet skyllet bort eller helt ødelagt. Overalt så man visne og sammensunkne planter og træer. Men Amma bekymrede sig mere for dem, som havde mistet alt under tsunamien, og som nu stod uden hele deres opsparing og deres nærmeste. Hun var fuldt fokuseret på at få hurtigst muligt gang i nødhjælpsarbejdet og rehabiliteringen.

En dag ringede Amma til mig et godt stykke tid hen over midnat. Da jeg løftede mobilen, var Amma stille i et par øjeblikke. Så sagde hun: "Det gør ondt i mit hjerte at se så meget lidelse. Vi bør give dem noget mere varigt og konkret, som de kan holde sig til, og som vil hjælpe dem til at genopbygge deres liv. "

Efter en lille pause fortsatte Amma: "De har brug for nye huse, både, fiskenet, medicinsk hjælp og så videre. Hvordan kan vi hjælpe dem?"

Jeg vidste ikke, hvad jeg skulle foreslå, og derfor sagde jeg ikke noget. Pludselig sagde Amma: "Lad os sætte hundrede crores (21 millioner dollars) af til nødhjælpsarbejde og rehabilitering."

Hendes ord vippede mig helt af pinden. Ethvert svar, jeg kunne fremkalde, sad fast i halsen. Da jeg genvandt fatningen efter chokket, spurgte jeg hende: "Amma, hvor skal pengene komme fra?"

Med ro i stemmen svarede Amma: "Det er ikke så vigtigt. Medfølelse er den vigtigste ting. Der findes mange godhjertede mennesker i verden. Pengene vil komme... Det første skridt er medfølelse. Lad os tage dette skridt på en ordentlig måde." Hende overbevisning var urokkelig, og derfor var hendes beslutning øjeblikkelig. Når man siger "ja" til en vision, som har et nobelt formål og er baseret på højere værdier, er der ingen tvetydighed eller tvivl. Beslutninger og implementeringen af dem foregår hurtigt, fordi man er mere orienteret om handlingen end om resultatet. Handling er nuet; resultatet er fremtiden. Når alle ens energier er fokuseret i nuet, vil fremtiden helt enkelt udfolde sig herfra.

Etienne de Grellet, der er en missionær inden for kvækersamfundet, sagde: "Man kan forestille sig, at man er ved at gå forbi et nyt sted. Mens man passerer forbi stedet, kan man huske sig selv på: Jeg kommer kun forbi det her sted én gang. Lad mig derfor i dette øjeblik vise så meget godhed jeg kan til hvert eneste menneske og til ethvert levende væsen. Lad mig ikke vige bort fra det eller forsømme det. For jeg kommer ikke forbi dette sted igen."

Der var en smuk hændelse i Mahabharata, som kan underbygge ideen om at vise godhed, så snart muligheden byder sig:

En dag var Karna, som var kendt for sin velgørenhed og generøsitet, ved at tage sit daglige bad, mens han som hver dag ofrede til Gud ved floden. Han havde en juvelbesat gylden skål med sig. Sri Krishna kom tilfældigt på samme tid for at besøge Karna. Han var nysgerrig efter at finde ud af, hvor fast opsat Karna var på sin velgørenhed, og derfor bad Krishna ham om at give ham sin gyldne skål i offergave.

Uden den mindste tøven rakte Karna ud efter skålen og gav den til Krishna med sin venstre hånd, fordi den højre ikke var ren. Krishna irettesatte straks Karna og mindede ham om, at det ikke var rigtigt at give gaver eller ofre ting med venstre hånd (I Indien anses det for at bringe uheld at give en gave eller hvad som helst til andre med venstre hånd).

Karna fortalte med et ydmygt smil, at han godt kendte til denne skik, men han gav Krishna følgende forklaring: "Så snart man overvejer at gøre en god gerning, skal man handle omgående uden at tænke en ekstra gang over det, fordi man i virkeligheden ikke ved, hvad der vil ske i næste sekund. Ens liv kan måske ophøre, eller grådigheden kan få overtaget over én, eller ens intentioner kan forandre sig."

I det øjeblik man oplever en indre trang til at hjælpe nogen, i det øjeblik medfølende tanker opstår, skal man handle omgående. Hvis man udskyder sin handling blot et eneste sekund, vil sindet sætte sig imellem og begynde at rationalisere.

Nyheden om tsunami - nødhjælp- og rehabiliteringspakken blev annonceret i midten af februar 2005. Kort efter besøgte Amma de hårdest ramte områder i Nagapattinam i Tamil Nadu. Hun havde besøgt folk i de midlertidige lejre og personligt lyttet til deres kvaler. Herefter rejste hun hele natten for at komme tilbage til vores hovedkvarter den følgende morgen. Mindre end 24 timer senere tog hun af sted til Sri Lanka, hvor regeringen havde inviteret hende, og der opholdt hun sig fra den 16. – 19. februar 2005. Mere end 30.000 mennesker i Sri Lanka havde mistet livet under tsunamien, og hundrede tusinder havde mistet hjem og ejendele. Amma afsatte 700.000 amerikanske dollars (69 millioner Sri Lanka rupees) til nødhjælpsarbejde i landet.

Mens Amma rejste gennem Sri Lanka, så hun alle ødelæggelserne langs kysten. Hun besøgte nødhjælpslejre i Ampara og Hambantota områderne.

Tilskuere til Ammas darshan i Ampara så til deres forbløffelse, at der både var soldater fra LTTE (tamilske tigere) og soldater fra den Singhalesiske regering, som bekrigede hinanden, som befandt sig i køen til at modtage Ammas darshan. En ministersekretær, den sene Maheswari, blev meget overvældet over at se de to grupper, der normalt bekæmpede hinanden, befinde sig samme sted. "Det overgik forestillingsevnen at se de to opponerende grupper samlet i nærheden af Amma. Amma er virkelig en forenende kraft og en unik katalysator," fortalte hun.

Det følgende uddrag stammer fra Ammas tale, som blev holdt ved UNAOC konferencen i Shanghai i december 2012. Hovedtemaet for konferencen var: "Hvordan kan asiatiske og sydasiatiske samfund bedst bidrage til den globale bevarelse af fredelig sameksistens og gensidigt engagement mellem kulturer og civilisationer?"

Amma sagde: "Det er vigtigt at indse, at det ikke kun er regeringens ansvar at styrke og forene vores samfund. Det er også en pligt, som hvert enkelt menneske har. Hvis NGO'er, mindre og større forretninger, medier og ledere inden for det sociale, kulturelle og internationale felt i samarbejde bygger et nyt samfund, der er baseret på de rette værdier, vil det helt sikkert skabe en positiv forandring. De fleste regeringer gør deres bedste for at hjælpe, men nogle gange kommer bevillinger og lån ikke frem til de nederste lag i samfundet, fordi regeringen skal bruge så mange penge på de ansattes løn. Man kan forestille sig, at man hælder et glas olie over i et andet glas. Hvis man herefter skal hælde olien videre i 100 ekstra glas, vil der i det sidste glas kun være et par dråber tilbage. Noget tilsvarende sker nogle gange med de penge, som regeringen har afsat til at hjælpe de fattige. Midlerne når ikke altid frem til de mennesker, der virkelig fortjener at få dem. Regeringen skal bruge mange penge på at betale de ansattes løn og holde møder. Det vil helt naturligt forsinke implementeringen af et projekt. Men når folk samler sig som frivillige medhjælpere, kan man gøre mere med færre penge og på kortere tid."

På grund af Ammas uforlignelige lederskab kunne vores NGO gennemføre alle de tsunami-rehabiliteringsprojekter, vi havde påtaget os. Det inkluderede mad, tøj, hjem, lægehjælp, jobtræning og nye arbejdspladser til 2.500 mennesker fra de ramte områder. Der var også fiskenet og både til fiskerne, programmer rettet mod at hjælpe og rådgive over 10.000 børn med at komme sig efter det følelsesmæssige chok og overvinde deres vandfobier, og programmer til at optræne hjemmegående kvinder, som havde mistet deres mænd. I tilfælde hvor mændene ikke længere ønskede at være fiskere, blev de optrænet i færdigheder inden for andre erhverv osv. Vores organisation gav også hundredvis af symaskiner til kvinderne og tilbød dem oplæring i at benytte dem.

Det skal især nævnes, at Amma selv tog børnene med ned for at få svømmetimer i hovedkvarterets swimmingpool for at hjælpe dem til at overvinde angsten for vandet. I landsbyen i nærheden af Amritapuri var adskillige børn blevet dræbt under tsunamien. Nogle af de kvinder, som havde mistet deres børn, var forinden blevet steriliserede og kunne derfor ikke få andre børn. Amma bad lægerne på AIMS-hospitalet om at udbyde genoprettende kirurgiske indgreb og kunstig befrugtning til disse familier, for på denne måde at mindske traumet ved katastrofen. Således blev de fleste af disse kvinder igen gravide og fik børn.

Mr. Oommen Chandy, Keralas førende minister, sagde ved et indledende oplæg til et offentligt møde i Amritapuri, som blev afholdt efter tsunamien: "Ammas gode gerninger har inspireret tsunami-nødhjælp og rehabilitering i hele staten. Med sit store hjerte, som symboliserer godheden i samfundet, har Amma med stor hastighed gennemført opbygningen af tsunami-huse. Jeg ved ikke, hvordan jeg skal takke Amma for den ubetingede hjælp og det rigelige mål af samfundstjeneste, som hun har givet. Regeringen har ikke holdt løftet om at rehabilitere alle ofrene før monsunen. Ammas nødhjælpsarbejde er et eksempel for andre."

Det hjalp især andre mennesker, at Amma var personligt nærværende, at hun lyttede til folks problemer med stor medfølelse, og at hun indgød dem mod og håb til igen at møde livet.

Amma siger: "Vi bliver i virkeligheden mest lykkelige, når vi hjælper andre, og vi er mest alene – ensomme – når vi er centrerede om vores egne personlige problemer og ønsker. Når vores mål bliver et med universets mål, og når vi forstår vores rolle i universet og handler derefter, kan intet standse os."

Vi kommer ind i et "flow." Så vil selv de ting, der virker til at være forhindringer, vise sig at blive trædesten til succes, mens vi klatrer op af kærlighedens og medfølelsens stige. Hvis man tror på Gud som den højeste kraft, som styrer alt, kan man forsøge at se erfaringer, situationer og menneskelig lidelse ud fra Guds synspunkt. Hvis man er ateist, kan man tro på den slags handlinger, som vidner om de store dyder. At hjælpe andre uden at forvente noget. Begge dele fører os til Gud, også selvom man ikke tror på den højeste kraft.

Amma siger: "Eksisterer Gud eller ej? Det kan være et omdiskuteret emne. Men ingen ateist kan benægte den lidelse, som mange mennesker oplever i denne tid. At tjene de mennesker, der lider, er at tilbede Gud. Men Gud har ikke brug for noget fra vores side, for Gud er den, der giver alt. I vores uvidenhed kan vi tro, at vi ofrer ting til Gud, men det er som at vise solen et stearinlys og sige: "Jeg er sikker på, at dette lys vil vise dig vej!" Hvis Gud virkelig forventer noget af os, er det, at vi med hjertet forstår den lidelse, som de fattige og trængende gennemgår. Hjælp dem, tjen dem og vis dem medfølelse."

Kapitel 17

Den indre vejledning

Amma siger: "Hvis man er ude at gå, og sindet pludselig siger til fødderne, at de skal holde op med at gå videre, så vil fødderne adlyde. Hvis man er i gang med at klappe med hænderne, og sindet siger, at hænderne skal standse, så vil hænderne holde op med at klappe. Men vil tankerne standse, hvis man beder dem om det? Nej. Målet med meditation er, at man opdyrker samme niveau af kontrol over sindet, som man har over sin fysiske krop."

At nå frem til en beslutning involverer en kompleks proces, hvor man afvejer mange forhold, som ofte er i konflikt med hinanden: Man griber fat i forskellige valgmuligheder, man har måske kun kort tid til at træffe beslutningen, der er hyppige forandringer i trends og teknologier på markedet, som man skal tage højde for, man skal lede andre i teamet og formå at overbevise dem såvel som partnere og eksperter. Man skal overveje, hvordan nuværende og mulige partnere vil reagere osv. Samtidig kan der opstå mange hidtil usete vanskeligheder, der gør situationen usikker. Når måden at træffe beslutninger på er baseret på konventionelle metoder og analytiske erkendelser, vil det ofte være mentalt og fysisk trættende at komme frem til en afklaring, og processen er energidrænende. Derfor har man i den sidste tid set, at kombinationen af intuitiv og analytisk beslutningsmetodik – det vil sige en delvist rationel metode – har vundet større indpas.

Hvis man begynder at undersøge, hvordan man selv anskuer verden, vil man sikkert opdage, hvordan man selv ofte træffer beslutninger, som strengt taget ikke er baseret på de regler, der findes for valg, som er rationelt og økonomisk kalkulerende. Man ser efterhånden en stigende interesse for de "irrationelle" måder at træffe beslutninger på. Når man forsøger at inkorporere indsigter fra psykologien i de økonomiske tilgange kaldes det adfærdsøkonomi. Her kombinerer man teknikker fra rationel tænkning med psykologiske eller intuitive faktorer. Ofte er det en meditativ indre søgen, som får den, der træffer beslutningen til at bevæge sig fra det anstrengte til det uanstrengte. Man forsøger ikke kun at handle og gøre, men også det omvendte. Man må indimellem træde til side fra hele processen og glemme den. Man må tage en pause og tillade, at den spontane del af sindet tager over i et stykke tid. Det er kun sådan, at ting begynder at ske.

Virksomhedsledere har været meget afhængige af den form for kognition, som er forbundet med logiske analyser, og det har igennem århundreder været den eneste anerkendte teknik til at løse problemer omkring beslutningsprocesser. Den intuitive måde at træffe beslutninger på eller brugen af intuition som et betydningsfuldt redskab til at træffe komplekse beslutninger er dog ikke et nyt koncept, til trods for at det er nyt blandt virksomheder. I mange kulturer, særligt de asiatiske civilisationer, spiller intuition en afgørende rolle i at søge svar og finde løsninger. For at sige det mere præcist var der mange af de professionelle, som i tidligere tider brugte intuitive snarere end kognitive tilgange.

Man kan forestille sig et eksempel, hvor man forsøger at komme i tanke om en gammel sang, man godt kender, men ikke kan huske. Det er en sang, man holder meget af, men uanset hvor meget man anstrenger sig, kan man ikke huske den. Man kan måske endda føle sangen på tungespidsen. Men ingen af de teknikker, man normalt plejer at bruge - såsom at kradse sig selv lidt i hovedbunden, lukke øjnene eller gå lidt frem og tilbage i rummet - synes at virke. Til sidst har det vist sig, at alle anstrengelser er nyttesløse, og man vil til sidst typisk give op og glemme alt om sangen. Man tager en kort powernap lige efter sin frokost, og lige inden man skal ud af sengen, ligger man et par øjeblikke og slapper af, mens man stirrer op i loftet. I denne afslappede tilstand dukker sangen pludselig op af sig selv helt ud af det blå.

I et sådant eksempel erfarer man, at de første anstrengelser for at huske sangen afstedkommer en krig mellem de bevidste og ubevidste dele af sindet. Man kender sangen virkelig godt. Men den har skjult sig i det ubevidste. Man er nødt til at få den ud derfra. For at det kan lade sig gøre, er man nødt til at forbinde de to dele af sindet. Problemet er, at presset, der skabes gennem anstrengelserne, vil forstørre afstanden i stedet for at forbinde de to sfærer. At huske "sangen", som kan siges at være løsningen, man søger, bliver noget, der kommer længere og længere på afstand. Sangen eller løsningen vil først dukke op, når sindet bliver stille. Det er præcis det, som finder sted, når man ligger helt stille i sin seng. Angst og anspændthed falder til ro, og "sangen" manifesterer sig helt spontant.

Al den anstrengelse, man har gjort, har faktisk været helt nødvendig. Anstrengelsen var en nødvendig del af at løfte sig op til den uanstrengte tilstand. Man kan med andre ord sige, at hårdt arbejde er afgørende for, at man kan nå et punkt, der er kendetegnet ved total afspænding. Kun når sindet er helt stille, er man i stand til at finde præcise svar. Mennesket er helt naturligt tilbøjeligt til at søge stilhed. Det er en dyb længsel. Således er der en god sandsynlighed for, at en intuitiv tilgang til at træffe beslutninger kan være effektiv, hvis man retter sin energi ind imod en kanal af indre stilhed og ro.

At udbryde "Eureka!"- som betyder "jeg har fundet" - er tilskrevet den græske videnskabsmand Arkimedes. Det fortælles, at han udbrød "Eureka!", da han var i bad og opdagede, at vandets overflade steg til et højere niveau, efter han var trådt ned i badet. Med ét indså han, at omfanget af vandet, som havde flyttet sig opad, måtte svare til omfanget af hans krop, som befandt sig under vandet. Arkimedes havde forsøgt at måle omfanget af objekter, som var ujævne, og dette problem havde ikke tidligere fundet en løsning. Med den nye information om, at vandet rejste sig på en måde, der svarede til omfanget af det objekt, der blev lagt under vand, havde løsningen vist sig. Det siges, at han blev så lykkelig over sin opdagelse, at han sprang ud af sit badekar og løb nøgen gennem gaderne, mens hans sagde: "Eureka!"

For at forstå hvad der var kilden til, at Arkimedes gjorde sin opdagelse, skal man hæfte sig ved nødvendigheden af, at han var fuldstændig afslappet nede i badet. At føle sig afslappet, mens man ligger i et varmt bad, er en oplevelse, som mange godt kan genkende. Det var i denne tilstand af fuldkommen ro og fred, at det svar han længe havde søgt, omsider kom til den store videnskabsmand.

Ifølge moderne ledelseseksperter og rådgivere er det ubeviste kilden til at træffe intuitivt baserede beslutninger. Sådan kan det godt hænge sammen, når man anskuer det ud fra et psykologisk perspektiv. Men set ud fra et spirituelt perspektiv vil sandheden være, at man i virkeligheden ikke kender den præcise kilde til de intuitive løsninger. Fordi det ubevidste sind er fyldt med tanker og følelser, vil det ikke udgøre en klar kilde, hvor man finder de rette svar. Man kan kun sige, at svarene kommer fra et sted, der er hinsides, fordi det ubeviste er fyldt med mange subtile og kraftfulde tanker.

Amma formulerer det på denne måde: "Hvis man beder en violinist, sanger eller fløjtespiller om at fortælle, hvor musikken kommer fra, vil musikeren sandsynligvis svare: "Fra mit hjerte." Men hvis man med et kirurgisk indgreb åbner hjertet, finder man så noget musik derinde?" Hvis musikeren siger, at musikken kommer fra fingerspidserne eller halsen, ville man så finde nogen musik ved at søge disse steder? Hvor opstår musikken så? Den opstår fra et sted, som er hinsides krop og sind. Det er hjemstedet for ren bevidsthed, den ubegrænsede stærke kraft, der findes indeni os. Uanset om man styrer en husholdning eller er administrerende direktør eller politisk leder, er den første ting nødvendigheden af at kende sig selv. Det er sand styrke. Man har brug for at forstå og acceptere sine egne fejl, mangler og begrænsninger og så forsøge at overvinde dem. Når det sker, fødes den sande leder."

Amma taler i et enkelt sprog og bruger meget enkle eksempler. Nogle gange taler hun endda om emner, som virker ubetydelige for os andre. Men når vi dvæler ved det, hun har sagt, får vi en forståelse for den store verden, som skjuler sig i de enkle ord.

Amma konfererer med ph.d. studerende og videnskabsfolk om deres forskning. Hun bruger ikke nødvendigvis videnskabelig eller teknologisk terminologi i samtalen, men alligevel sætter hun ord på de mest indviklede videnskabelige områder i et meget præcist sprog. Hun rådgiver endda videnskabsfolk om, hvilke emner i forskningen, de bør overveje at fokusere på. Det er forbløffende at lytte til Amma, som taler med nobelprismodtagere om netop deres særlige forskning, med læger om de forskellige behandlingsformer, med ingeniører om forskellige dele af bygningskonstruktionen, med advokater om forskellige facetter af retssager og med ledere om de nyeste strømninger inden for ledelse.

For ikke så lang tid siden mødtes Amma med en gruppe videnskabsfolk fra hele verden, som deltog ved *Amrita Bioquest 2013* på Amrita - Universitetet. Der blev stillet spørgsmål, som handlede om brugen af planter til at helbrede sygdomme. Amma svarede: "Jeg ved ikke noget. Jeg giver bare forskerne nogle ideer." Videnskabsfolkene omkring hende smilede, fordi de godt vidste, at forskere fra Amrita Bioteknologi for nylig havde udgivet en betydningsfuld forskningsartikel, der var baseret på en idé, Amma havde foreslået dem at undersøge.

Lad mig beskrive historien, som jeg hørte den beskrevet af tidligere seniorforsker ved Bhabha Centret for atomforskning i Mumbai, dr. Ashok Banerjee, og dekan og professor ved Amritaskolen for Bioteknologi , dr. Bipin Nair.

En dag gik vice-universitetsrektor ved Amrita - Universitetet Venkat Rangan, sammen med dr. Nair og dr. Banerjee hen til Amma for at drøfte visse forskningsspørgsmål. Under denne samtale spurgte Amma dem om, hvad status på forskningen ved Skolen for Bioteknologi var. Da de forklarede, at forskningen var rettet mod de mekanismer, der forsinkede sårheling hos diabetespatienter, beskrev Amma meget udførligt, hvordan man traditionelt behandlede såret med et remedium, der bestod af olien fra cashewnøddens skaller, som frembringes ved at opvarme nøddeskallerne.

Selvom Dr. Banerjee var en trofast tilhænger af Amma, forekom det ham, at der ikke var nogen substans i hendes pludselige understregning af de lægende egenskaber i cachewnøddeskaller, som normalt anses for "affald eller spild". Selvom han ikke direkte sagde, hvad han tænkte, fortalte han mig, at han inde i sig selv havde sat spørgsmålstegn ved genialiteten i Ammas idé. Men fra tidligere oplevelser vidste gruppen godt, at Ammas ord og tanker altid havde perler skjult i budskabet.

De anskaffede straks nogle cachewnøddeskaller fra affaldet i cashewfabrikken i Kollam. Heraf udtrak og rensede de en komponent, der kaldes Anarcadisk syre og demonstrerede (for første gang) den direkte virkning af den på et protein, der er relateret til sårheling. Interessant nok afslørede forskningen, at denne komponent havde positiv virkning på mange typer cancer. Den spændende opdagelse resulterede efterfølgende i et højt profileret samarbejde med University of California, Berkely og Scripps Institute, San Diego – som begge er blandt de førende forskningsinstitutioner i USA. Efterfølgende blev resultaterne fra forskningen gennemgået af det Nationale Innovationsråd i Indien, der ledes af Sam Pritoda, og rådet anbefalede stærkt, at dette projekt skulle opnå støtte fra Den indiske regerings Råd for videnskabelig og industriel forskning. Ammas dybe og dog enkle forslag om at overveje en tilsyneladende betydningsløs cachewnøddeskal bidrog til at opnå et stort gennembrud på meget kort tid. Forskere kunne ellers have brugt årevis på intens forskning og store pengesummer på at nå frem til en sådan opdagelse. Idet han afsluttede sin fortælling, sagde dr. Banerjee: "Jeg anede ikke, at Amma også var videnskabsmand."

Ved at modtage lignende forslag fra Amma angående forskning har mange af Amrita - Universitetets afdelinger succesfuldt arbejdet med forskningsprojekter, der spænder over sensorer til at afdække regnvands-inducerede jordskred, haptisk teknologi til udvikling af færdigheder, nanovidenskab til cancerbekæmpelse, online uddannelseslaborationer, som vurderer forståelse af indlæring, informationssystemer i hospitaler og brugen af disse data til at hjælpe samfundet, cybersikkerhedsforanstaltninger, virtuelle laboratorier, interaktiv e-læring osv. Under Ammas ledelse arbejder videnskabsfolk også på et større projekt, der skal designe og fremstille en insulinpumpe til en betalelig pris.

Jeg tøver med at sætte ord på Ammas måde at tænke på, træffe beslutninger og implementere dem som intuitive. Jeg ønsker ikke at gå i dybden med dette i denne bog. Men jeg bør nævne, at i hendes tilgang indgår der en helt anden dimension.

Sindet er en strøm af fragmenterede tanker. For at opfatte sandheden, der ligger bag tingene, er det essentielt at have et entydigt fokus. Selve sindets natur er adskilthed og disintegration. Det formår ikke at forblive helt. Dette gælder i så høj grad, at sindet blokerer det naturlige flow af tanker, medmindre man træner sindet i at være stille og roligt. Det er fra denne stilhed at den intuitive og kontemplative tænkning opstår.

I sin afhandling skriver Chanakya: "Før man begynder et hvilket som helst arbejde, skal man altid stille sig selv tre spørgsmål: Hvorfor gør jeg det? Hvad bliver resultatet? Vil jeg få succes med det? Kun hvis man tænker dybt over disse spørgsmål og finder tilfredsstillende svar på dem, skal man gå videre."

At "tænke dybt" betyder at bevæge sig ind i en meditativ stilhed og fokusere på de betydningsfulde spørgsmål, for det er kun, når spørgsmål stilles på den korrekte måde, at man får de korrekte svar. Som Solomon Ibn Gabirol, den hebraiske digter og jødiske filosof sagde: "Den vise mands spørgsmål indeholder halvdelen af svaret."

Undersøgelser tyder på, at der kun er en sparsom succesrate på 50% inden for ledelsesmæssige beslutninger. Omvendt er der stigende omkostninger forbundet med beslutningsprocessen. Med opmærksomhed på denne alarmerende situation, begyndte forskere ved Quensland Universitetets Handelshøjskole at forske i de forskellige faktorer og muligheder, som påvirker hvilken beslutningsmåde ledere anvender, og hvordan beslutningerne kan forbedres.

Alle discipliner i en organiseret struktur har komplekse trin, inddelinger og underinddelinger, som skal følges, når beslutninger træffes. Processen er kompliceret. De fleste forretningsfolk er meget anspændte. De spekulerer og bekymrer sig for udfaldet. I stedet skal vi følge systemets regler omhyggeligt og så slappe af indeni.

Bestyrelsesmedlem og administrerende direktør for Biocon Limited, Kiran Majumdar Swar har beskrevet Amma på følgende måde: "Ammas personlighed er en ekstraordinær syntese af overvældende medfølelse og intellektuel overlegenhed, som vil forbløffe hvem som helst."

Kapitel 18

Kærlighed er den reneste form for energi

En journalist spurgte en gang Amma om, hvad hendes yndlingsfarve var, og hun svarede: "Regnbuens farve. Den symboliserer kærlighed og enhed. Selvom alle syv farver er særskilte, udgør de en enhed i regnbuen. Regnbuen gør alle så glade i den korte tid, den findes. Kærlighed er det essentielle princip bag enhed. Og det er kærligheden, som udtrykker livets skønhed, vitalitet og tiltrækningskraft. Kærligheden og livet er ikke adskilte. De er en enhed."

De fleste multinationale selskaber har uanset deres størrelse kun en begrænset tro på, at kærlighed kan være et operationelt redskab til at drive deres forretning frem til succes. Det kan forklares med, at feminine kvaliteter anses for en negativ egenskab i forretningslivet. Misforståelsen bunder i overbevisningen om, at kærlighed og medfølelse vil gøre folk sårbare over for deres konkurrenter og kunder. Således kan medfølelse og kærlighed i forretningslivet lyde mærkeligt for dem, der arbejder inden for området i dag. Men formuleringer som "forpligtelse" og "passion" bruges alligevel ofte af forretningseksperter, når de holder taler og skriver indlæg eller i deres samtaler. Basis for disse er i virkeligheden energi. Den skjulte kraft bag disse ord er kærligheden, og uden den har man ikke mulighed for at præstere og opnå succes.

Nogle forretningskonsulenter ser på kærligheden som et koncept eller en teori, som ikke længere er gangbar. De opfinder nye ord og vendinger for at vise verden, at de underviser i noget nyt og har udviklet et nyt koncept eller en ny stil. For eksempel er den såkaldte "New Age filosofi" eller den populære "vær her og nu" terminologi heller ikke ny. Det er den traditionelle "gammel vin på nye flasker". Tidligere tiders vismænd har forklaret det i Upanishaderne. I et af skrifterne står der: "*Eha Atra Iva*", som betyder: "Vær til stede her og nu." Gud er lige her, lyksalighed er lige her, livet er lige her i dette øjeblik. Det er substansen i skrifternes budskab. Således kan vi i virkeligheden finde oprindelsen til næsten alle nye og innovative ideer i de antikke skrifter. Det gælder også, selvom koncepterne ikke altid forklares med udtryk, der præcis ligner nutidens videnskabelige og tekniske begreber.

Carl Sagan, den populære amerikanske videnskabsforfatter sagde: "For små skabninger som os mennesker er universets storhed kun til at bære gennem kærlighed." Succes kan ikke stå alene. Den har brug for at støtte sig til kærligheden. Det kan se ud, som om man er på vej op ad en stige til succes, men får man ikke støtte fra kærligheden, kan man i længden ikke opretholde et momentum. Det er selvfølgelig op til den enkelte, om man vil bære kærlighedens klare lampe i hjertet, mens man klatrer op ad stigen. Men hvis man går videre uden støtte fra den ubetingede kærlighed, skal man huske, at virkningen af ens fald bliver større, des højere op på stien, man er nået.

Amma uddyber dette tema: "Kærlighed kan sammenlignes med en stige. De fleste mennesker befinder sig på det nederste trin. Bliv ikke der. Bliv ved med at stige opad, trin for trin. Stig gradvist op fra det laveste til det højeste, fra det laveste, uraffinerede følelsesniveau til den højeste tilstand af væren, den reneste form for kærlighed. Ren kærlighed er den reneste form for energi. I den tilstand er kærligheden ikke en følelse. Den er et konstant flow af ren opmærksomhed og ubegrænset kraft. En sådan kærlighed kan sammenlignes med vores åndedrag. Man ville aldrig sige: "Jeg trækker kun vejret, når jeg er sammen med min familie og mine slægtninge, men ikke når jeg er sammen med fjender og mennesker, jeg hader." Nej. Hvor man end er, hvad man end gør, indfinder åndedrættet sig. Man skal på samme måde give sin kærlighed til alle uden, at gøre nogen som helst forskel og uden, at forvente noget til gengæld. Man skal altid være den, der giver, og aldrig den, der tager."

I den nye generations fortolkning af kærlighed virker den til at blive forstået mere som en følelse, der kan afskaffes eller genbruges."."Brug og smid væk-kærlighed" er den nye attraktive ide, som yngre mennesker entusiastisk tilegner sig. For nylig mødte jeg en ung mand, som var søn af en rig forretningsmand. Midt i vores samtale sagde han: "Min far har alle mulige mærkelige ideer om forretningslivet. Han tror, at man skal anerkende de ansatte, og at man skal være ærlig, når man indgår en handel. Han mener, at man skal give til de mindre heldigt stillede, og han har også en hel masse andre gamle, primitive, irrelevante og upraktiske ideer."

Set ud fra mit perspektiv er det mest interessante ved sønnens synspunkt, at hans far opbyggede forretningen fra grunden og passede den gennem mange år. Det var hans blod, sved og tårer, der fik forretningen op at stå. Jeg var chokeret over at høre den unge mands ufølsomme og tankeløse bemærkninger om faderens dyder.

Da jeg havde hørt hans kommentarer, forholdt jeg mig stille et øjeblik. Men jeg kunne ikke lade være med at sige til ham: "Det er ikke mærkeligt, at du har sådan en oplevelse. Du har ikke gennemgået den askese, smerte og lidelse, som din far har været nødt til at kæmpe sig igennem. Det gør en stor forskel på, hvordan man ser tingene. Han har forståelse af situationen, mens du savner den erfaring, som sætter dig i stand til at have samme slags opmærksomhed, sindrighed og indsigt. Forhåbentlig vil du tage ved lære gennem dine erfaringer."

Der findes en populær reklametekst, som bruges til at sælge guldsmykker. Slagordet er "Old is gold" (på dansk: det gamle er guld værd)." Det virkelige guld er kærlighed. Det er gammelt, nyt og altid friskt. Som det siges: "Kærligheden er den ældste rejsende på jorden." Jeg vil udtrykke det på den måde, at kærlighedens rene energi er original, uvurderlig og uerstattelig, fordi kærlighed er den eneste sandhed.

Selvom man hører om seksuelle overgreb i og uden for arbejdspladserne, hvilket kan synes at nedgøre den iboende kraft i kærligheden, er ren kærlighed stadig en evig sandhed, og den vil fortsætte med at være det.

Det kan aldrig forandres. Amma siger: "Vi kan ikke bede om en ny sandhed. To plus to har altid været fire. Kan vi forandre det og lave det om til fem? Det er umuligt. På samme måde er sandheden allerede nedfældet. Den er uforfalsket og uforanderlig. Det er ren kærlighed, vores sande natur, energi i sin reneste form."

Vores kraft til at være ekspressive, kreative, produktive og kommunikerende afhænger af vores evne til at identificere den indre følelse af kærlighed, som også er afgørende for, hvor meget glæde og fred, vi kan opleve.

I sin selvbiografi siger Charles Darwin: "Jeg har fortalt, at jeg i en vis forstand har forandret min indstilling til tingene hen over de sidste tyve eller tredive år. Op til en alder af tredive år eller deromkring fandt jeg stor glæde ved poetiske værker og digtere såsom Milton, Gray, Byron, Wordsworth, Coleridge og Shelley. Allerede mens jeg var en skoledreng, fandt jeg stor glæde ved Shakespeare, særligt de historiske skuespil. Jeg har også fortalt, at jeg tidligere var meget glad for billedkunst og musik. Men nu har jeg i mange år ikke kunnet udholde at læse en eneste linje af et digt. Jeg har forsøgt at læse Shakespeare og fundet det så ubærligt kedeligt, at jeg fik kvalme. Jeg har næsten mistet enhver sans for billedkunst og musik. Mit sind virker til at være blevet en form for maskine, der kværner gennem store samlinger fakta og uddrager de generelle lovmæssigheder heraf. Jeg kan ikke begribe grunden til, at den del af hjernen, som er forbundet med sansen for disse højere nydelser, delvist eller fuldstændigt er ved at forsvinde. Tabet af denne sans er et tab af glæde. Hvis jeg skulle leve mit liv om igen, ville jeg gøre det til en regel, at alle skulle læse nogle digte og lytte til noget musik mindst en gang om ugen. Tabet af sansen for poesi og musik er et tab af glæde. Dette tab kan muligvis skade intellektet og endnu mere sandsynligt skader det også den moralske karakter, fordi det svækker den emotionelle del af vores natur."

Selvom kærlighed ikke nævnes, kan det antages, at Darwin enten var blevet et menneske, der savnede kærlighed, eller en mand, som ikke længere mærkede kærlighed i sit hjerte. Hvis et menneske ikke er i stand til at nyde musik og digte, er det højest sandsynligt et tegn på, at kærligheden heller ikke er tilgængelig for ham.

Er vi ved at glemme, at kærlighed er den største kraft og den smukkeste gave fra Gud? Glemmer vi det, mens vi er i færd med at opbygge forretningen, tjene penge, opnå et godt navn, blive berømte og få magt og indflydelse? Det vil være katastrofalt, hvis kærlighed bliver et sprog, der glemmes inden for forretningslivet og det politiske live. Det første er det område, hvor mennesker styrer produktionen (forretningslivet), og det andet er det område, som vedrører ansvaret for menneskehedens beskyttelse (politik). Hvilke eksistensbetingelser har menneskeheden, hvis man inden for disse to styringsinstanser glemmer den mest vitale ingrediens i tilværelsen?

Når jeg understreger, at forretningsfolk og ledere altid skal integrere principperne om kærlighed og medfølelse i deres tanker og handlinger, tænker jeg ikke på en kærlighed, der er styret af følelser. Når kærlighed er centreret om følelser, resulterer det i en uintelligent form for tilknytning. En sådan kærlighed kan forårsage et tab af skelneevne, der kan gøre mere skade end gavn for individet og samfundet.

Jeg mener derimod det perspektiv på tilværelsen, som udspringer af kærlighed og medfølelse, som er baseret på ægte spirituelle principper. Det indebærer en oprigtig anstrengelse for at se ting fra et bredere perspektiv. Her vil man inden for et acceptabelt omfang praktisere principper som lighed, respekt, anerkendelse og omsorg, når man omgås ansatte i ens team, og man vil gøre det uanset hvilken opgave og status, folk har.

Amma opfordrer gang på gang til, at alle medlemmer i arbejdsgrupperne bidrager til at diskutere forskellige løsninger, og at de samarbejder om at opnå resultaterne. Hun opfordrer til, at man opnår enighed om alle beslutninger. Hun ønsker i særlig høj grad, at forskning bliver interdisciplinær, fordi hver akademisk afdeling eller disciplin rummer løsninger, der kan bruges i forskningen. Men hensigten er også at opfordre forskerne på universitetet til at lære at samarbejde, respektere hinanden og tage ved lære af hinanden. Ellers kan forskere hurtigt blive som isolerede øer, der træffer beslutninger, som er baseret på deres egne begrænsede resurser. Men når de tvinges til at samarbejde med hinanden om et fælles formål, sættes der andre kvaliteter i spil. De er nødt til at udvikle deres ydmyghed og evne til at lytte respektfuldt til hinanden såvel som deres opmærksomhed og engagement. Selvom man er overbevist om, at man selv kender løsningen, bliver konsensus en vej til at træffe beslutninger, og man må forblive åbne over for andres synspunkter.

Når det gælder om at træffe vigtige beslutninger såsom at investere en stor sum penge i et nyt forretningsområde eller at udvide med nye grene af virksomheden til en anden by eller et andet land, kan virksomheder bruge adskillige måneder på at brainstorme, planlægge og forhandle med eksperter, som afvejer fordele og ulemper. Der nedsættes komiteer, som endeløst overvejer spørgsmålene.

Helt modsat dette besværlige system er Ammas tilgang kendetegnet ved, at der sker hurtige forandringer, som bliver implementeret med det samme. Nogle gange beder hun en person om at fratræde en stilling og overdrage ansvaret til en anden. Det kan ske når som helst og hvor som helst. Amma træffer den slags beslutninger midt under sine rejser. Det kan ske, mens hun sider i en park og er omgivet af tusindvis af mennesker, som er kommet for at deltage i et af hendes programmer.

For eksempel kan beslutningen om at forandre noget i et godgørende projekt eller i en af institutionerne komme som en ordre, en ydmyg forespørgsel eller opstå midt i et kærligt, legende og medfølende samspil med medlemmet af arbejdsgruppen. Uanset hvordan det foregår, er der et stort omfang af accept. Der er ingen frygt for straf. Ingen skuffelse ved at miste sin position, blive overgået af en anden eller miste sin magt. Hele processen er så smuk. Den udfolder sig, som når en blomst springer ud.

Amma pointerer, hvordan personen ikke har været omhyggelig og dedikeret nok. Det virker som om, hun er ophidset, utilfreds og føler smerte ved situationen og i forhold til den enkelte. Men denne slags øjeblikke blandes med andre, som er fyldt af kærlighed, omsorg og rådgivning om, at det er nødvendigt hele tiden at forholde sig vågent og agtpågivende.

Midt i samtalen kan Amma finde på at lave sjov eller endda opfordre folk, der befinder sig i nærheden, til at fortælle en vittighed eller en historie. På denne måde bliver hele processen omkring at "ansætte og fyre" medarbejdere til en meget festlig begivenhed. Således transformerer Amma en tilsyneladende vanskelig og ubehagelig oplevelse til en mindeværdig begivenhed både for dem, der er ”ude” og ”inde”. Processen bliver en meditation, en begivenhed, der beriger deres liv.

Man er først og fremmest nødt til at røre folks hjerter og forbinde sig med dem, før man kan forvente, at de forandrer sig. Det hjælper at røre dem følelsesmæssigt, når man ønsker at få dem til at handle. Amma forstår denne sandhed og er en leder, som påvirker andres hjerter ved at vise kærlighed og medfølelse.

En fransk kvinde, som fulgte Amma, var vant til at købe meget dyre ting. Hun ønskede sig ting som pelse, designerparfumer, smarte solbriller, dyre ure osv. Hvis hun af en eller anden grund ikke kunne købe dem, kunne hun blive meget rastløs, og hun kunne endda have svært ved at sove om natten. En gang kom hun for at møde Amma i Indien. Hun boede i centret i en måned og vendte så tilbage til Paris. En måned senere sendte hun et brev til Amma.

I brevet forklarede kvinden om sin vane, der fik hende til at købe meget dyre ting. Hun fortalte, at efter hun var kommet hjem, var hun blevet besat af tanken om at eje et særligt designerur. Men fordi det var meget dyrt, var hun nødt til at arbejde over og være virkelig produktiv. Da hun havde optjent penge nok til at købe uret, gik hun hen til butikken, hvor der var udstillet mange forskellige ure. Mens hun så det store prisskilt ved det ur, hun ønskedes sig, huskede hun pludselig de forældreløse børn, de mennesker, der havde store fysiske udfordringer og de hjemløse mennesker, hun havde mødt under sit besøg i Indien. Hun huskede også den medfølelse, Amma viste dem.

Hun tænkte: ”Hvis jeg køber dette ur, kan det måske gøre mig glad i et kort stykke tid. Men med disse penge kan jeg hjælpe så mange trængende mennesker, som har det svært, fordi de ikke har mad, tøj, medicin og ordentlig uddannelse. Jeg behøver bare at vide, hvad klokken er. Selv et ur, der kun koster syv franc, er nok til det formål. Skulle jeg ikke bruge pengene til at forsøge at bringe lidt mere lys ind i trængende menneskers liv?" Hun droppede ideen om at købe det dyre ur og besluttede sig i stedet for at bruge pengene til at hjælpe de fattige og trængende.

Hun afsluttede brevet med at skrive: "Tak Amma, for at hjælpe mig til igen at få forbindelse til den kærlighed, der findes indeni mig. Jeg plejede at være så anspændt og hele tiden at tænke på de ting, jeg ønskede at købe. Jeg har en dyb følelse af glæde og tilfredshed, jeg aldrig før har oplevet."

Når Amma bliver spurgt om de præstationer, vores organisation udretter, svarer hun altid: "Min rigdom er de dygtige og godhjertede mennesker i mit team. Det er dem, der gør det hele." Selvom hun er den største inspirator og guide, påtager hun sig ikke æren for det. Hun kræver ikke noget, og hun har ingen tilknytninger. Det hjælper folk til virkelig at bidrage og engagere sig i de godgørende projekter, hun står for.

For mig at se hører Amma til den sjældne race af administrerende direktører, kaldet CEO, som på dansk kan oversættes med Ledende oplyst opsynsholder. Det vil sige, at hun ikke har nogen tilknytninger, og at hun ikke opfører sig autoritært, som man ellers normalt forstår ved en CEO.

Lad mig komme med et eksempel. Amma har rejst rundt i hele verden siden 1987. Hvert år rejser hun til USA, Europa, Australien, Afrika og de sydøstasiatiske lande. Under en sådan rejse til USA, boede Amma i et par dage, mens hun var i New York, hos en hengiven, der havde en penthouse lejlighed på Manhattan. Det var en stor luksuriøs lejlighed. Under en pressekonference, der blev afholdt i lejligheden, spurgte en af journalisterne: "Se denne luksuslejlighed, hvor Amma opholder sig, mens der er hjemløse mennesker udenfor." Amma svarede: "For mig er hele verden et sted, hvor man bor til leje. Det er som at bo på et hotel. Man vil være der i et stykke tid, en dag eller to, og så flytter man ud igen. Jeg holder ikke fast i noget." Amma fortsatte: "I dag opholder jeg mig her. I morgen vil jeg opholde mig i et mørkt rum i Manhattan centret. I Europa bor jeg de steder, hvor programmet afholdes. De fleste af de steder er indendørs stadier. I løbet af de to eller tre dage programmet varer, holder jeg til i omklædningsrummene inde i hallen, hvor der ikke er nogen udluftning og heller ingen ordentlige badeværelser eller toiletter. Jeg nyder begge dele."

Når man er i stand til at holde opsyn, er man faktisk i stand til at holde sig hævet over alt, være et vidne til alt og få et friere og større syn på alt. Det er på dette trin, at en leder opnår fuldbyrdelse.

Amma fortæller: "En ægte leder tjener samfundet. Men i nutidens verden ønsker alle at være konger. Hvilke eksistensbetingelser har man i en landsby, hvor alle kæmper om at være konger? Der vil kun herske kaos og forvirring i et sådant samfund. Sådan er verdens tilstand blevet i dag. Folk ønsker kun at være ledere. Resultatet er, at ingen ønsker at tjene folk. Man skal være en ægte tjener af folket, og så vil man blive en ægte leder."

Når man først erkender essensen i uselviskhed, og måden man ser dette princip udfolde sig i naturen, og når man gør den til en indgroet del af sit liv, vil det eneste, man oplever, være en dyb følelse af taknemmelighed. Alt andet forsvinder til fordel for en ydmyg indstilling, hvor man er en offergave, mens man taknemmeligt accepterer alt, der kommer fra universet. Dette er punktet, hvor feminine og maskuline energier mødes og bliver ét.

Ammas succes er den rene feminine energis triumf, og den er blandet med en kraftfuld maskulin energi, som den på fineste måde er tilpasset til at samvirke med. Amma beskriver det sådan her: "Den dybe følelse af moderskab er hastigt ved at forsvinde fra jordens overflade. Ikke kun kvinder, men også mænd er nødt til at arbejde med at udvikle deres feminine kvaliteter."

Den feminine energi har et særlig talent hvad angår multitasking. Man kan observere en mor, når hun tager sig af sit spædbarn, forbereder morgenmaden, samler vasketøjet sammen, svarer telefonen, leder efter fjernbetjenningen til fjernsynet, som er blevet væk, finder den og samtidig tænder for fjernsynet. Det hele sker på samme tid. Det lyder enkelt, ikke? Men hvis man selv prøver det, kan man se, hvor godt man klarer det.

Det er vanskeligt at sove med et barn, fordi barnet er fyldt af energi. Man er selv træt. Man falder i søvn, så snart hovedet rammer puden. Men barnet vil gerne lege. Det vil gerne høre en historie eller se en tegnefilm. Om ikke andet så vil barnet have lidt vand at drikke eller på toilettet. En mor kan klare alt det her. Hun har tålmodighed, mens det for mænds vedkommende kan være en ekstremt udfordrende situation.

Feminin energi besidder også den fleksibilitet og bevægelighed, som den maskuline energi savner. Jeg siger ikke, at den er fraværende i mænd. Den findes i høj grad også der, men den ligger i dvale. Man kan helt bestemt vække den energi og bruge den, mens man er engageret i sine daglige aktiviteter. For eksempel findes der singlefædre, som indarbejder feminine kvaliteter og gør et fantastisk arbejde med at opdrage deres børn.

Jeg ser kraften i den feminine energi manifestere sig gennem Amma, men den er forstørret og blandet med maskulin energi, som har samme proportioner. Når som helst jeg observerer Ammas måde at handle på, oplever jeg en usædvanlig energi komme fra hendes helt almindelige fysiske form.

Hun formulerer det på denne måde: ”Renselse af sindet og renselse af kærligheden finder sted på samme tid. Det skaber en energi, som strømmer opad og som ultimativt fører til eksistensens tinde.”

Jesus sagde: ”I fjolser! I gør ydersiden af bægeret rent. I renser det ikke indeni. Ved I ikke, at det er det indre og ikke det ydre, som er det vigtigste, når man bruger det?" Hver menneskekrop er som et bæger eller en skål, og man gør det ydre rent hver dag, når man tager et bad. Men hvor mange renser det indre – sindet, tankerne, og livets indre aspekter? Bhagavad Gita beskriver det som *kshetra* (krop) og *kshetragña* (den indre sjæl). Kroppen er templet, og det indre selv (sjælen) er guddommen.

Her følger et inspirerende citat fra Albert Einstein: "Et menneske er en del af en helhed, der af os kaldes universet, en del, som er begrænset i tid og rum. Han oplever sig selv, sine tanker og følelser som noget, der er adskilt fra resten, en slags optisk vildfarelse, som hans bevidsthed har skabt. Vildfarelsen er en slags fængsel for én, som begrænser én til egne personlige ønsker og til kun at opleve kærligheden i forhold til de få personer, der står én nærmest. Menneskets opgave må være at befri sig selv fra dette fængsel og udvide cirklen af medfølelse til at indbefatte alle levende væsener og hele naturen i al dens skønhed."

I modsætning hertil er de fleste mennesker meget lidt optagede af andre. Der ses flere og flere mennesker, der puger penge sammen og søger mere og mere magt. Nedbrydning af værdier gør tingene værre. Opslugt af grådighed og plaget af angst for at miste deres sikkerhed, lever folk et ulykkeligt liv med sorger, der gnaver i dem indefra.

Overlevelse kræver forandring. Hvis man modsætter sig forandringen, vil naturen tvinge mennesket til den, og behovet for forandring vil manifestere sig som naturkatastrofer.

Amma forklarer: "Der findes to former for vækst, at vokse op og at blive gammel. At blive moden er en rejse henimod modenhed, hvorimod det at blive gammel kun fører til frygt og død. Alle skabninger vil før eller siden blive gamle. Men kun dem, som har modet til at dykke ned under livets overflade og åbent acceptere forandringerne, vil blive modne.

Som George Bernhard Shaw pointerede: "Fremskridt er umuligt at opnå uden forandring, og de, som ikke kan forandre deres indstilling, kan ikke forandre noget." Kort sagt finder der kun en virkelig gavnlig forandring sted, når der sker et skift i den indre bevidsthed, som bevirker, at man skiller sig af med gamle minder, vaner osv. Uden det indre arbejde med at fjerne mørket fra fortiden, vil man kun give et falsk indtryk af, at man har forandret sig. I virkeligheden er man blevet vildledt. Man har fortidens maske på, og man har identificeret sig fuldstændigt med den. Man tror, at man er masken, og man kan måske endda føre andre ad det samme spor. Som der står i skrifterne: "Det er som blinde mennesker, der skal vise vejen til andre mennesker, der heller ikke kan se noget." For at sige det rent ud skubbes man i retning af et endnu større mørke.

Sindet kan forsøge at overbevise det enkelte menneske om, at man er nået ud af fortidens mørke kamre, og at man har taget store skridt i forhold til at overvinde sine begrænsninger. Nogle mennesker foregiver helt enkelt, at de er sluppet fri af fortiden. Andre er ganske enkelt ubevidste om, at de stadig lever i fortiden. For de, som virkelig er gået hinsides begrænsninger og svagheder, vil det vise sig i deres handlinger. Kun når man tager den indre rejse fra fortiden til nuet, kan man håbe på at klare sig godt og trives.

Selvom de mørke og negative skyer i øjeblikket øges, vil en fordomsfri anerkendelse være et levende tegn på en opvågning og et kald om genoplivning. Oprigtige anstrengelser fører til den indre transformation, som er på vej. Menneskeheden kan godt klare det. I virkeligheden er kun mennesket i stand til det. Men der er brug for, at man forstår den ubegrænsede kraft indeni.

Modgang er den mest frugtbare jord, hvor indre vækst finder sted. Det er ved at kæmpe og ved at stå ansigt til ansigt med en farlig situation og møde den på en modig måde, at spiren trænger ud af frøet, dukker op gennem jorden og vokser sig til et stort træ, som giver lindrende skygge til andre.

Jeg husker Ammas ord: "Man plejer normalt at bruge kokasser og gamle teblade til at gøde roser. Frem af det lugtende, såkaldte skidt vokser der en smuk og duftende rosenknop. Planten har talrige torne, og alligevel forbliver rosenknoppen med glæde på stilken midt i alle de negative omstændigheder, mens den spreder sin udsøgte duft til alle i nærheden. På samme måde kan og må man vokse ud af dette midlertidige mørke, selvom alt i verden virker til at gå i den forkerte retning.

Alt er dynamisk og under konstant forandring. Der findes en sand længsel efter forandring, som måske handler mindre om at reparere en verden, der er gået i stykker, end den handler om at bringe værdier frem i lyset. Gradvist integrerer Fortune 500 virksomheder principper i medfølelse i deres forretningsplaner. De tager flere skridt i retning mod at blive mere omsorgsfulde og spirituelle. I forskellige virksomheder, findes der medlemmer af bestyrelsen, som ønsker at opføre sig socialt ansvarligt. De begynder at stille alvorlige spørgsmålstegn ved de vante selviske motiver, der driver virksomheders vækst, ligesom de stiller spørgsmålstegn ved den manglende omsorg over for menneskeheden og naturen.

Må passion og medfølelse gå hånd i hånd. Må menneskets måde at tænke på blive forandret gennem introspektion og meditation. Må alle energidrænende følelser blive konverteret til kærlighed, den reneste form for energi.

www.ingramcontent.com/pod-product-compliance
Lightning Source LLC
LaVergne TN
LVHW051732080426
835511LV00018B/3011

* 9 7 8 1 6 8 0 3 7 3 3 7 0 *